手紙にそえる季節の言葉365日

山下景子 著

朝日新聞出版

目次

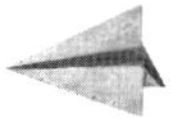

column
手紙によく用いられる表現

column
ふみの楽しみ

本編の見方

日付※：四月一日
その日の言葉：花日和
読み方：はなびより

言葉の解説：
お花見に最適の、晴れて穏やかな日和を「花日和」といいます。明るさを増した春の青空は、桜色がひときわ映える色ですね。うららかな光があふれて、心にも花が咲くようです。お花見の予定を入れている人はもちろん、桜も、こんなお天気を歓迎しているのではないでしょうか。

言葉を使った手紙文の例：
- 今日はうららかな花日和となりました。じっと家にいるのがもったいないような陽気です。
- しばらく花日和が続くとのこと、素敵な週末をお過ごしください。

※日付は目安です。その時期に合う言葉を紹介しています。

はじめに

手紙に時候の挨拶をそえるという習慣を、私たちは受け継いできました。それは、季節感を共有したいという気持ちのあらわれです。どうしても手紙では、書いた時間と相手が読む時間に隔たりができてしまいます。その時差を埋める役割もあったのでしょう。また、離れた場所と場所をつなぐかけ橋であったかもしれません。

現代では、さまざまな通信手段が生まれ、伝わるスピードも格段にあがりました。それでも、季節をそえて送ることは、やさしさを呼ぶささやかな贈り物になるのではないでしょうか。

――すべての日が、それぞれの贈り物を持っている――

古代ローマの詩人・マルティアリスの残した名言です。豊かな四季に恵まれた日本ならなおさらのこと、三百六十五日のどの日にも、小さな季節の贈り物が見つかるはずですね。

さて、古くから伝えられてきた美しい日本語は、旧暦の頃の季節感と深くつながっています。ですから本書は、旧暦の時代、季節の目安とされた二十四節気（にじゅうしせっき）に基づいて書きました。二十四節気は、一年を約十五日おきに区切ったもの。立春、春分、秋分、冬至などはおなじみですね。

あまり堅苦しく考える必要はありませんが、あとは、その折々で、みなさんが感じた季節感を伝えていかれるといいのではと思います。

また、歳時記ではありませんので、直接季節とは関係のない言葉も、アクセントとして紹介しています。用例には、掲載されている季節の言葉を考えてみましたが、もちろん自由に言葉を活かしてお使いください。

言葉はつながるために使う道具。どうか、心のこもった素敵な言葉でつながっていけますように……。

山下景子

春の手紙

情景描写には、その時々の思いが重なります。春は目にした情景を伝えるだけで、希望あふれる手紙になることでしょう。

花笑みの季節ですね。
庭でも、街でも、
次々と咲いていく花を見るたびに、
私も笑顔になっています。
桜のつぼみはまだ固いようですが、
枝の色が明るくなってきたように見えるのは、

気のせいでしょうか。
去年、古木の山桜を見に行かれた時のこと、
お話ししてくれましたね。
ふと思い出して、
私も訪ねてみたくなりました。
よろしければ、もう一度詳しく
教えてくださいませんか。

advice

「花笑み」は花が咲くことです。また、花が咲いたように笑うことをいう場合もあります。意味が分からなくても通じるとは思いますが、「次々と花開く季節」「花便りが続々と届く頃」などと置き換えることもできます。

夏の手紙

気温だけで季節をとらえがちな現代人。でも、暑いばかりが夏ではないはず。夏の自然から元気をもらうことだってたくさんありませんか。

先日は、ずいぶん落ち込んでいたようで、
心配しています。
もし、お休みとれるようでしたら、
いっしょに、どこかへ出かけませんか。
私は、海がいいなと思っているのですが……。
真っ赤な夕陽が、波間に溶けてしまうまで、

ぼんやり眺めて過ごすなんてどうでしょう。
潮風と潮騒のデュエットは、
私の下手ななぐさめよりも、ずっとあなたを
元気づけてくれるのではないかしら。
もちろん、あなたの気持ちが最優先です。
山でも、どこでも、
ヤケ食いだって、つき合いますよ。

advice

相手を励ます時は、こちらの気持ちを押しつけ過ぎない
配慮が大切です。特に手紙の場合は一方的になりがち。
その点自然は、無言で語りかけ、力を与えてくれます。
そこから何かヒントを得られるかもしれません。

秋の手紙

手紙はつながるために書くものです。不思議と人恋しくなる秋。季節感を共有することで、絆を深めることもできそうですね。

昨夜の名月、きれいでしたね。
きっとあなたも眺めているだろうなと
思いながら、見ていました。
たくさんの人の心が、
この日の月で結ばれていると思うと、
改めて、お月様の力を思います。

それはそうと、表から、
「いしやきいも〜」
の声が聞こえてきました。
秋風にのって、いい匂いも……。
あら、今回はロマンチックに
決めるつもりだったのに……。
やっぱり私は、食欲の秋です。

離れた場所で書き、時を隔てて届く手紙ですから、書いた時点の情景や風物の描写は、空間や時間を、埋めたりつないだりしてくれるものといえます。特に離れていても見える月は、お互いを結ぶ格好の話題です。

冬の手紙

思わず笑顔がこぼれる手紙、心あたたまる手紙が、理想の手紙といえるのではないでしょうか。冬の季節なら、なおさらです。

お風邪の具合はいかがですか。
こちらでも、今日は雪が少し積もりました。
白楽天の詩に、
「雪月花の時、最も君を憶う」
という一節がありますが、
雪の時はいつも、あなたのことを思います。

あの頃は、よくスキーに行きましたね。
元気になったら、また会って、
思い出話に花を咲かせましょう。
くれぐれもあたたかくしてお休みください。
今日のところは、
あたたかい空気をいっぱいに詰め込んで
封をすることにします。

時候の挨拶は、体を気遣う言葉に続けることが多いだけに、暑い、寒い、鬱陶（うっとう）しいなど、マイナス面を強調した言葉になりがちです。でも、季節を楽しんだり、味わったりできる言葉も盛り込めれば素敵ですね。

「〜の頃」という意味の言葉

日常の会話でも、出会っていきなり用件を切り出すことはしませんね。手紙ならなおさらのこと。前文のあと、主文に入るのが基本です。

前文でよく用いられるのが、「〜の頃」という意味の言葉。季節をあらわす言葉につけるだけで、時候の挨拶になります。そのあとに、相手の安否をたずねたり、自分の近況を伝えたりするだけで、前文のできあがり。もちろん末文にも使えます。

「候」

一年を七十二に分けた、五日ごとのひと区切りのこと。

若草萌える候、青葉若葉の候、爽秋の候、など

「砌（みぎり）」

時節のこと。（P58「六月十八日」参照）

蒸暑（じょうしょ）のみぎり、寒さに向かうみぎり、など

「折」「折柄（おりから）」

「折」は時節のこと。「折柄」は、時節なのでという意味。

長雨続く折（柄）、年末ご多忙の折（柄）、など

「この頃」「今日この頃」

近頃という意味。ほかに「頃」「季節」「昨日今日」なども同様に用います。

春光まぶしい（今日）この頃、日増しに秋の深まりが感じられる（今日）この頃、など

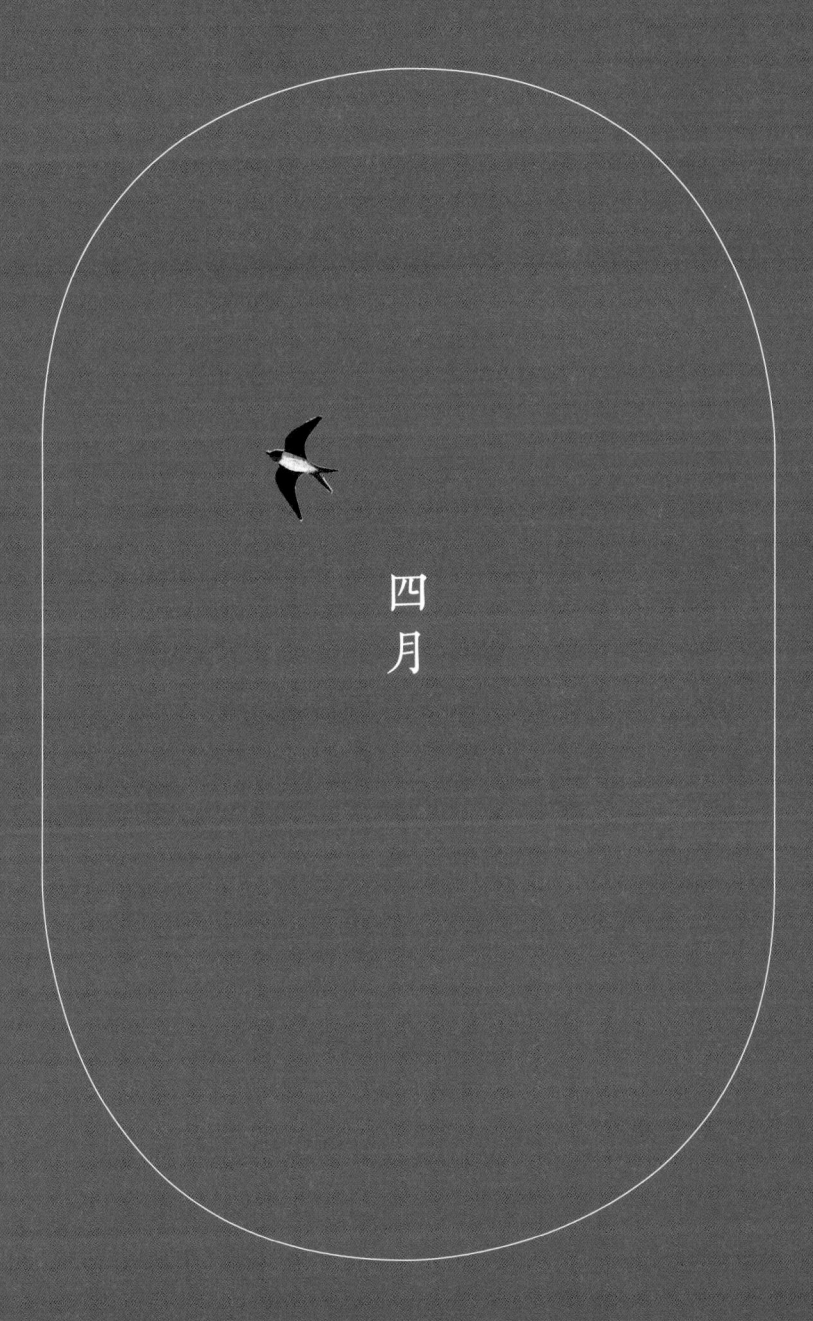

四月

四月一日

花日和

はなびより

お花見に最適の、晴れて穏やかな日和を「花日和」といいます。明るさを増した春の青空は、桜色がひときわ映える色ですね。うららかな光があふれて、心にも花が咲くようです。お花見の予定を入れている人はもちろん、桜も、こんなお天気を歓迎しているのではないでしょうか。

- 今日はうららかな花日和となりました。じっと家にいるのがもったいないような陽気です。
- しばらく花日和が続くとのこと、素敵な週末をお過ごしください。

四月二日

爛漫

らんまん

「爛」は焼けただれることをあらわす漢字ですが、輝くという意味も持っています。「漫」は広がること。あわせると、花が咲き乱れる様子や、光あふれる状態をあらわす言葉になります。「天真爛漫（てんしんらんまん）」というような例もありますが、「桜花爛漫（おうからんまん）」「春爛漫」のように、春に用いられることが多い言葉ですね。

- 爛漫の春、何もなくても、華やいだ気分になる季節ですね。
- 爛漫と咲き誇る桜並木を、夢見心地で歩いてきました。

四月三日

花天月地

かてんげっち

花は天に、月は地に……。一瞬、反対ではないかと思いますね。ですが、梢（こずえ）を見上げると花が咲き誇り、足元に目をやると月の光が明るく照らしている、そんな情景なら思い当たりませんか。満開の花と、明るい月夜に恵まれた、贅沢な春の夜をあらわす言葉です。花も、月も、天と私たちとを結ぶ美しい絆になっているのですね。

先日の夜桜は、まさに花天月地！天にあふれる満開の花と、地を照らす月光を、あなたといっしょに楽しめなかったのが残念です。

四月四日

桜どれ

さくらどれ

桜が咲き誇る時期、眠くて、半ば夢見心地で過ごす人はいませんか。この状態を「桜どれ」というそうです。「桜どれ」の「とれ」は、目がとろとろすることだとも、うっとりするという意味の「とろめく」だともいいます。あでやかに咲き誇る桜に圧倒され、折からの陽気も手伝って、つい眠気がさす……。きっと、それほど私たちを魅了するのが桜なのですね。

桜どれというのでしょうか。眠いのか、うっとりしているのかわからないこの頃です。

四月五日

杏花雨

きょうかう

「杏花」は、杏の花のことです。この時期、桜の花にばかり心を奪われがちですが、杏の花も咲いていています。桜によく似ているので、いっしょにされているのかもしれません。桜より少し早く咲き、萼が赤く、花が開いた時、萼が反り返っているのが杏の特徴です。二十四節気の清明の頃に降る雨を、特に「杏花雨」といいます。どこか明るさを感じさせる春の雨です。

清明の今日は、杏花雨となりました。といっても、煙るばかりの霧雨です。そちらはいかがですか。

四月六日

古巣

ふるす

以前住んでいたり、所属していたりする所をさして使うこともありますね。ですが、私たちにとって一番身近な「古巣」といえば、燕の巣ではないでしょうか。燕が巣を作った家は栄える……。昔から日本人は、そういって燕を歓迎してきました。空っぽのまま残されていた古巣に、燕が帰ってくる季節です。

そろそろツバメが戻ってくる頃かと思うと、古巣が気になってしかたありません。そういえば、新生活にはなじまれましたか。

四月七日

春宵
しゅんしょう

春宵一刻値千金（しゅんしょういっこくあたいせんきん）……これは、蘇軾（そしょく）の「春夜」という詩の冒頭の部分。有名な一節ですね。春の夜のひと時は、千金の値打ちがあるといっています。「一刻」は、日本の江戸時代では二時間ですが、ここでは水時計の目盛りのひときざみ。ほんの短い時間をさすそうです。どんな時間もかけがえのないものですが、うららかな春の夜は、いとおしさもひとしおです。

言い古された言葉ですが、春宵一刻値千金。素敵な春の夜をお過ごしください。

四月八日

御玉杓子
おたまじゃくし

お汁をすくう丸い杓子（しゃくし）が「御玉杓子」です。その形に似ているからと、蛙（かえる）の子を御玉杓子と呼ぶようになったのは、江戸の子どもたちだといいます。その姿は、とてもユニーク。そういえば、音符や「！（感嘆符）」のことも御玉杓子といいますね。

公園の池をのぞいてみたら、お玉じゃくしが泳いでいました。いきいきと動いて、春のメロディーを奏でているようでしたよ。

四月九日

零れ桜

こぼれざくら

散る姿を零れるという言葉で表現される花は、そう多くはありません。「零れ梅」「零れ萩」、そして「零れ桜」。中でも、ふわっとあふれるように咲き、満開の状態から散っていく桜には、ぴったりの形容ではないでしょうか。あふれた水が零れるように、いかにも自然体で散っていく桜を見ていると、自然の摂理をそのままに受け止める素直さと、強さを感じます。

こちらでは、もう桜が散り始めました。名残を惜しみながらこぼれ桜を眺めています。

四月十日

花筏

はないかだ

薄紅色の桜の花びらは、空を舞っても、水に散っても絵になります。風に乱れ散る様子は「花(桜)吹雪（ふぶき）」や「桜颪（さくらおろし）」。水に流れ行く様子は「花筏」。また、花びらを一面に浮かべている川は「桜川」。浮かんだ花びらを浮き橋に見立てた「花の浮き橋」という言葉もあります。潔く散る桜ですが、いつまでも余韻を残してくれますね。

- 花筏といっしょに、季節も移ろっていくようです。
- 今日の風で、水面には花の浮き橋がかけられていることでしょう。

四月十一日

野心
のごころ

「やしん」と読めば、ひそかに抱いている望みのことですが、「のごころ」と読むと別の意味になります。ひとつは、鷹などが野生の心を持ち続けて、飼い主になつかないこと。もうひとつは、人が野山を恋い慕う気持ち。かつては、清明の時期に「踏青（とうせい）」といって、野遊び、山遊びをする風習があったそうです。この時期、「野心（のごころ）」が起こるのは、その名残でしょうか。

野ごころがかきたてられる季節ですね。今度の週末、いっしょに出かけませんか。

四月十二日

酣
たけなわ

語源説はいろいろありますが、本来は酒宴が最も盛り上がった時をさす言葉だったそうです。今でも「宴もたけなわ」などといいますね。漢字で書くことは少ないと思いますが「闌」とも書きます。こちらは、盛り過ぎの頃をさすのだとか。いずれにしても、春に使われることがほとんど。「真っ盛り」に置き換えることもできます。春は最も盛り上がる季節なのですね。

春まさにたけなわの時、お互いに、素敵な季節を心ゆくまで謳歌したいものですね。

四月十三日

桜貝
さくらがい

桜色をしているから「桜貝」。美しい爪のような貝です。浜辺に打ち寄せられた貝殻を拾って、貝細工にするのが主な利用法。季節は関係ないのですが、桜色ということで春の季語になっています。まるで、花筏（はないかだ）となって川を下っていった花びらが、海に沈んでできたよう。桜は散るのに、最近ではめっきり減ってしまったそうです。

遠い浜辺では、桜貝が打ち寄せられているのでしょうか。桜が散ると、いつもそんなことを思います。

四月十四日

繚乱
りょうらん

「爛漫（らんまん）」とよく似ていますが、「繚」は、まつわるとか、からめるという意味の漢字。「繚乱」となると、入り乱れることです。花が咲き乱れている場合にも使いますが、一種類だけが咲き誇っているような場合は、あまり繚乱とはいいません。さまざまな花がいっしょに咲き乱れている……、そんな情景にぴったりの表現です。やはり、次々と花が咲きそろう春によく使われますね。

染井吉野は散ってしまいましたが、八重桜、れんぎょう、しゃくなげ、花水木……。百花繚乱の春ですね。

四月十五日

薄暮
はくぼ

夕方のことです。どの季節にも使いますが、薄絹がかかったような明るさがしばらく続く春の夕暮れには、この言葉が似合います。「春の日は暮れそうで暮れぬ。秋は暮れぬようで暮れる」ということわざもあります。暮れ泥(なず)む春の薄暮にたたずめば、時の流れまで、前へ進むのをためらっているように思えてきます。

外にはまだ薄暮の光が残っていますね。ずいぶん日が長くなりましたね。まだ何かし残したことがあるような気がしてきました。

四月十六日

如雨露
じょうろ

「如露(じょろ)」ともいいます。雨露の如(ごと)し、あるいは、露の如し……。漢語がそのまま伝わったのかと思いきや、なんとポルトガル語なのだそうです。水の噴出を意味するjorro、または、水差しを意味するjarraに漢字を当てたものだとか。それにしても、このセンス。昔の人は、こんなに丁寧に外国語を取り入れていたのですね。

虹が出やすくなる時期だそうですね。そういえば、光も明るさを増して、如雨露で水やりをしていても、小さな虹がかかります。

四月十七日

春風駘蕩

しゅんぷうたいとう

「駘」は、馬の轡（くつわ）がはずれること、「蕩」は、水が漂ったり、ゆったりとしている様子。ふたつあわせた「駘蕩」は、のんびりしていることです。よく「春風駘蕩」として、春風がのどかに吹いている様子をあらわしますが、その場の雰囲気や人の性格・態度がのびのびしている時にも使います。春風のような人……、そばにいたいですね。

- 春風駘蕩の佳き日にうれしいお便りが舞い込みました。
- 春風駘蕩としたお人柄がしのばれるようで、心がほっこりします。

四月十八日

道草

みちくさ

目的地に行く途中で、ほかのことに時間を費やすことを「道草」といいますね。正しくは「道草を食う」。馬が道々草を食べてなかなか先に進まない様子を、人にも当てはめた表現です。略して「道草」だけでも同じ意味で使われるようになりました。現代では大人も子どもも、あまり道草を食わなくなったような気がします。たまには、そんなゆとりも必要かもしれませんね。

白詰草の花が咲く季節ですね。よく道草を食って、首飾りを作ったことを思い出します。

四月十九日

長閑やか

のどやか

静かで穏やかな様子をあらわす古語「のど」に、接尾語「やか」がついた言葉で、意味は「長閑（のどか）」と同じです。季節を問わない言葉ですが、やはり春のうららかな一日を思いますね。歳時記でも、春の季語です。本当に春らしい日は少ないもの。それでも春を短いと感じないのは、春を待ちこがれる想いと、身も心もゆったりする長閑やかな日があるからではないでしょうか。

今日はのどやかに晴れ渡りました。鳥たちもうれしそうにさえずっています。

四月二十日

小糠雨

こぬかあめ

糠のように細かい雨を「小糠雨」といいます。小糠雨そのものは、どの季節に限られるというわけではないのですが、春によく見られる雨です。出てきたばかりの新芽をいたわるように、しめやかに降る小糠雨。雨が降ったという手ごたえはないのに、大地をやさしく潤していきます。昔の人が、「雨は花の父母」と呼んだのは、こんな雨のことだったのかもしれません。

音もなく小糠雨が降っているようです。いかにも春らしい雨に、心落ちつくひと時です。

四月二十一日

漫ろ歩き

そぞろあるき

これといった理由もなくすることを「漫ろ」といいます。「漫ろ歩き」は、あてもなく歩きまわること。つまり散歩のことです。「散歩」という言葉が一般的に使われるようになったのは明治以降。当初は、運動のひとつだと考えられていたそうです。現在でいう「ウォーキング」だったのでしょう。今では、気ままな漫ろ歩きをする人も少なくなったかもしれませんね。

昨日の雨もあがって、光のどかな晴天になりました。気ままに漫ろ歩きをしたくなるような日和です。

四月二十二日

夢見心地

ゆめみごこち

夢心地、夢見心、夢心、そして、夢見心地。どれも同じ意味です。夢を見ているようなうっとりとした気持ちや、ぼんやりとした状態のことをいいます。「うっとり」と「ぼんやり」とは違うように思いますが、紙一重なのでしょう。「うっかり」と「うっとり」も同義語だったとか。同じ夢うつつで過ごすなら、うっとりがいいですね。

「春眠（しゅんみん）暁（あかつき）を覚えず」と言いますが、暁どころか、朝と言わず、昼と言わず、夢見心地になってしまうこの頃です。

四月二十三日

鳳蝶
あげはちょう

普通は「揚羽蝶」と書きますが、伝説上の鳥・鳳凰（ほうおう）になぞらえて「鳳蝶」とも書きます。昔は春の季語でしたが、今では夏の季語。じつは蝶には春型と夏型があるのです。たしかに、ひと回り大きい夏型の方が、いかにも鳳蝶のイメージですね。

今日は我が家の庭に、あげは蝶のお客様がやって来ました。いよいよ春が加速度を増す頃でしょうか。

四月二十四日

山吹
やまぶき

春の終わりを彩る花として、古くから親しまれてきた「山吹」。細くしなやかな枝先に咲く濃い黄色の花は、風が吹くたびに揺れます。一重咲きと八重咲きがあるのですが、八重山吹の方は実がならないということも、古くからよく知られていたようです。それぞれ印象は違いますが、どちらも花の色は同じ山吹色。行く春を惜しむ気持ちと重なって、いつまでも心に残る色です。

今日は霧がかかったような春曇り。その分、山吹の花の色がひときわ鮮やかに見えます。

四月二十五日

花楓

はなかえで

「瓜楓（うりかえで）」や「花の木」をさす場合もありますが、普通「花楓」というと、楓の花のことです。楓と聞いて、花を思い浮かべる人は少ないでしょう。でも、春になると小さな赤い花が咲きます。手の平のような葉陰に、そっと隠れるようにして……。やがて、翼果（よっか）と呼ばれる竹トンボのような形をした実ができます。翼果は風を受け、くるくると回りながら種を運んでいくのです。

物憂い春の昼下がりは、葉陰に揺れる花楓をぼんやりと眺めながら過ごしています。

四月二十六日

躑躅

つつじ

藤、山吹、躑躅は、代表的な晩春の花。中でも躑躅は、市街地では最もおなじみの花ですね。野生種だけでなく、園芸品種も豊富で、紅、紫、白、絞りなど、明るい色合いで街を彩ってくれます。やがて、少し小ぶりな皐月躑躅（さつきつつじ）に受け継がれ、夏への橋渡しをするように躑躅の季節は終わります。歳時記では、皐月躑躅だけが夏の季語。その他の躑躅は春の季語です。

つつじが咲き誇る季節となりました。強くなってきた日差しは、夏が近いことを告げているようですね。

四月二十七日

土産

みやげ

「土産」は、もともと「みあげ」といったそうです。語源は、よく見て選び人に差しあげるという意味の「見上げ」ではないかといわれます。「土産（どさん）」は、その土地の産物のこと。「みやげ」にこの漢字を当てるようになったのは、室町末期以降、武士たちが、領地の産物を贈り物にすることが多くなったからです。品物に限らず、楽しい経験談だって素敵なお土産ですね。

連休は旅行に行かれるとか。次にお目にかかった時には、土産話、楽しみにしています。

四月二十八日

青やぐ

あおやぐ

「やぐ」は接尾語。「華やぐ」、「若やぐ」などのように、そのような状態になることや、そのようにふるまうことをあらわします。「青やぐ」といえば、草木が青々としてくることです。古代の色分けは、おおざっぱに青、赤、白、黒の四色しかなかったといいます。ですから緑色も「青」の中に含まれていました。淡い緑から濃い緑へ、青やぐ野山が美しく眺められる時期ですね。

いよいよ新緑の季節ですね。日に日に青やいでいく木々のグラデーションを心地よく眺めています。

四月二十九日

桜若葉

さくらわかば

桜の花が散ったあとに出てくる若葉をさす言葉としては、「葉桜」の方がよく使われますね。歳時記では夏の季語になっています。もともとは桜の若葉のみずみずしさを愛でる言葉でしたが、今では、花が終わってがっかり……というニュアンスで用いられることが多いのではないでしょうか。「桜若葉」といえば、本来の意味で使えそうですね。

桜若葉を眺めながら、季節の移り変わりを感じています。あなたの好きな夏も、もうすぐですね。

四月三十日

藤波

ふじなみ

美しく垂れ下がった、薄紫色の花房。優雅に風になびく様子を見て、昔の人は、波を連想したのでしょう。藤の花房のことを「藤波」と呼びました。春から夏へ、ふたつの季節をたゆたう波のようです。

移りゆく季節の風に、藤波がゆったりと揺れていました。このまま時よ止まれと言いたくなります。

五月

五月一日

鈴蘭

すずらん

鈴のような蘭ということで「鈴蘭」。とはいえ、蘭の仲間ではなく、ユリ科の植物です。ほかにも「谷間の姫百合」「君影草」などの異名も持っています。フランスでは、「五月の花」と呼ばれ、五月一日に鈴蘭の花束を贈られた人には幸福が訪れるというそうです。花言葉は「幸福が戻ってくる」。明治の終わり頃から広まった花ですが、すっかりおなじみになりましたね。

鈴蘭の便箋を見つけたのでお便りしました。幸多かれとお祈りしております。

五月二日

八十八夜

はちじゅうはちや

立春から数えて八十八日目にあたる日は、農業の重要な節目とされてきました。なんでも「米」という字を分解すると八十八になるからだとか。「八十八夜の別れ霜」といって、霜の心配もなくなる頃。本格的な農作業にとりかかる目安としたそうです。また、茶摘みも最盛期を迎えます。八は末広がりの縁起のいい数字。この日摘んだ新茶を飲むと、寿命が延びるそうですよ。

日差しはすっかり夏めいて、思わず「夏も近づく八十八夜〜」と口ずさんでいます。

五月三日

夕牡丹
ゆうぼたん

夕暮れに咲く牡丹の花は、ひときわ印象的です。夕闇に浮かび上がる華麗な花がいっそう匂い立つようで「触れなば落ちん」という言葉を思い出します。はらりと落ちる花びらが地面に散り重なる風情も艶(あで)やか。女性が靡(なび)くのではなく、牡丹の場合は本当に散ってしまうのですから、その危うい美しさは格別です。花の命は二十日といわれ、「二十日草(はつかぐさ)」とも呼ばれました。

今にもはらりと散りそうな夕牡丹のせいでしょうか。何となく落ち着かなくて、乱筆乱文失礼します。

五月四日

風薫る
かぜかおる

新緑の間を渡ってくる風が「薫風(くんぷう)」。これに対応させて、「風薫る」の場合も「香る」ではなく「薫る」を用います。さて、木々が放つ芳香の正体は、殺菌作用や人体を活性化する働きを持っているフィトンチッドという物質だそうです。健康にいいということがわかってきた薫る風。この季節、若葉の香りを意識して、いっぱい元気をもらいたいですね。

風薫る季節、さわやかな風が、素敵なことをいっぱい運んでくれますように……。

五月五日

菖蒲湯
しょうぶゆ

もともと端午の節句は、男の子の節句というわけではなく、邪気を払い悪病を除くための行事でした。芳香を放つ菖蒲の葉は、蓬（よもぎ）といっしょに軒にさしたり、丸めて薬玉（くすだま）にしたりして、魔除けにしたといいます。やがて、根や葉をきざんで湯に入れ、行水をしたり入浴したりする風習も生まれました。これが本来の「菖蒲湯」です。入ると病気にかからないとされてきました。

今日は菖蒲湯に入って、ゆっくり疲れを癒したいと思います。明日からまた仕事、がんばらなくちゃ。

五月六日

初蛙
はつかわず

その年初めての蛙の鳴き声を「初蛙」といいます。「かえる」はどちらかというと口語、「かわず」は雅語（がご）として使い分けられてきました。蛙といっても種類によって鳴き声は個性的です。みなさんの初蛙は、どの種類の蛙でしょう？　やがて、さまざまな蛙がいっしょになって、田んぼや池などでは大合唱になりますね。

今日、初かわずを聞きました。大合唱の季節にそなえて、のどならしをしているのでしょうか。日一日と暑さも増してきましたね。

五月七日

花桐
はなぎり

桐の花のことを「花桐」といいます。色は藤と同じですが、藤が垂れ下がるのに対して、上向きに立つように咲きます。歳時記では、藤が春の季語で、花桐は夏の季語。たしかに、藤に続くように咲き始めます。大きな葉ばかりが歌に詠まれ、あまり注目されなかった桐の花。ですが、蕾（つぼみ）は九か月も前に用意されます。夏の暑さに耐え、冬を乗り越え、ようやく咲いた花です。

空を見上げるように、花桐が咲いています。明るい青空は、すっかり初夏の色ですね。

五月八日

雪餅草
ゆきもちそう

器の中から
真っ白なお餅が
のぞいているような花の姿。「雪餅草」という名前がぴったりです。古名は「歓喜草」。この珍しい草を手に入れて大喜びした人がいたからだとか。花の姿は、歓喜というよりも、しみじみとしたうれしい思い出を心にそっと抱きしめているような趣です。

ずいぶん日差しも強くなってきましたね。雪餅草も、心なしかまぶしそうです。

五月九日

白妙
しろたえ

「白妙」は梶（かじ）の木などの繊維で作った白い布のことです。「白栲」とも書きますし、単に「栲（たえ）」といっても同じ意味です。やがて、美称の意味をこめて「白妙」と書くようになりました。「妙」は、不思議なまでにすぐれていることをあらわします。儀式にも使われました。夏の強い日差しに照り映えて、純白の輝きがいっそうまぶしさを増す季節です。

〜春過ぎて夏来にけらし白妙の〜ではないですが、白い服が目立つ季節になりましたね。

五月十日

育む
はぐくむ

「育む」は、「羽（は）」と、包むという意味の「くくむ」があわさってできた言葉です。つまり、親鳥がひな鳥を羽でおおうようにして育てる様子をあらわす言葉でした。実は「育（そだ）つ」という言葉の語源も「巣立つ」が変化したものではないかといわれます。最初は大切に育（はぐく）んで、時が来れば巣立たせる。鳥たちの子育てから教えられることは多いようです。

明るい光にあふれる五月。夢をはぐくむのにちょうどいい季節ですね。私も何か始めようかな……。

五月十一日

聞き做し

ききなし

鳥たちが恋の季節を迎え、盛んにさえずる頃です。その声を、人の言葉になぞらえて聞くことを「聞き做し」といいます。最も有名な聞き做しは、鶯（うぐいす）の「法（ほう）、法華経（ほけきょう）」でしょう。ほかにも、燕（つばめ）は「土喰（く）って虫喰って渋〜い」、目白（めじろ）は「長兵衛（ちょうべえ）、中兵衛、長中兵衛」、頬白（ほおじろ）は「一筆啓上仕り候（いっぴつけいじょうつかまつりそうろう）」……。とはいえ、聞き做しを考えるのは意外と難しいもの。昔の人の感性には脱帽です。

鳥たちが盛んにさえずる頃ですね。勝手に「いい日だね」と聞きなしながら耳を傾けています。

五月十二日

若葉時

わかばどき

新緑の季節のことを「若葉時」といいます。この時期、若葉に降りそそぐ雨は「若葉雨」。ほかに「緑雨（りょくう）」「翠雨（すいう）」「青雨（せいう）」などともいいます。また、この頃に吹く風は「若葉風」。「緑風（りょくふう）」とも呼ばれる心地よい風です。童謡の題名にもなっていますが「みどりのそよ風」という形容もできますね。

- 心地よい若葉時となりました。みずみずしい新緑に、目が洗われる思いのこの頃です。
- 若葉雨が降るたびに、緑は鮮やかさを増すようですね。

五月十三日

眩しい

まぶしい

「眩しい」は、「目映（まばゆ）い」の江戸方言「まぼしい」が変化した言葉だといいます。「目映い」、つまり、目に照り映えてまともに見られない状態のことですね。光がきらきらとあふれている時だけでなく、美しすぎたり、あまりにも立派だったりする時も、私たちは直視できなくなります。折しも太陽が輝きを増す季節。私たち自身が眩しく輝きたいですね。

ご無沙汰しているうちに季節が移って、新緑がまぶしい季節となりました。お変わりありませんか。

五月十四日

松の花

まつのはな

松は、一本の木に雌花と雄花を咲かせます。どちらも花というよりは、小さな実のよう。伸びた新芽の先に数個ついている赤い雌花。その根元にたくさん集まっている黄色の雄花。雄花は、花粉を飛ばすと、ぽたぽたと落ちていきます。でも、雌花は受粉して、二年ほどかけて松ぼっくりになるのです。

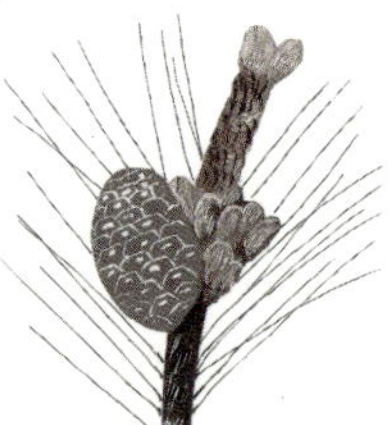

松の花が目立つようになりました。この頃になって、ようやく夏の到来を感じる私です。

五月十五日

忍び音

しのびね

普通「忍び音」というと、時鳥(ほととぎす)の初音(はつね)をさします。姿を見せずに、かすかに聞こえてくるので忍び音と呼ばれるようになりました。時鳥は、この時期に南方から渡ってくる夏鳥です。今では「てっぺんかけたか」「特許許可局(とっきょきょかきょく)」と聞き做(な)されますが、「ほととぎす」という名前も鳴き声からきているとか。まだたどたどしいその声を、昔の人は待ち焦がれたといいます。

ほととぎすの忍び音が聞こえたような……。空耳かもしれませんが、いよいよ夏が来たことを感じます。

五月十六日

筍時

たけのこどき

筍の出盛りの時期を「筍時」といいます。独特の歯ごたえと風味。掘りたての新鮮な筍は、この時期でしか味わえない食材ですね。筍時の少し前の四月頃、親竹の葉は黄ばんできます。そこでこの時期は「竹の秋」と呼ばれました。葉が黄ばむのは筍に栄養を回すため。その栄養をいっぱいもらって、続々と顔を出す筍。やがて、一日一節の勢いで、ぐんぐん生長していくのです。

いただいた筍で、昨日は筍ご飯。今日は木の芽和え。うれしい筍時を存分に味わっています。

五月十七日

車輪梅
しゃりんばい

シャリンバイ……。音だけ聞くと、まるで外来語のような響きがしますね。葉が、枝の上の方に輪のようになって生えるので、車輪になぞらえてこの名がつきました。五月頃、梅に似た香りのいい花を咲かせます。乾燥や大気汚染にも強いので、道路の植え込みや街の公園などにもよく植えられるようになりました。昔から大島紬を染める際に用いられてきた木です。

今日は少し汗ばむ陽気となりました。でも、道路沿いの車輪梅はさわやかな香りを漂わせています。

五月十八日

日傘
ひがさ

今では「傘」というと雨傘を連想しますが、傘の歴史から見ると、日傘の方が先に登場したようです。とはいえ、はじめは身分の高い人が使用するものでした。庶民が日傘をさすようになったのは江戸時代。次第に女性がさすものとなり、明治時代になると、縁にレースをつけたおしゃれで大きめの日傘が登場します。その名も「美人傘」と呼ばれたそうですよ。

ずいぶん日差しが強くなってきましたね。日傘をさしながらも、日陰、日陰と選んで歩いています。

五月十九日

颯爽

さっそう

「颯」は風の音をあらわす漢字。「爽」はさわやかという意味ですが、風が木の葉をそよがせる「さわさわ」という音を「爽々」とも書きます。あわせて「颯爽」とすると、人の姿や態度がさわやかですがすがしいことになります。きっと、気持ちのいい風が吹き抜けるような、姿や態度をさすのでしょう。みなさんなら、どの季節の風に颯爽というイメージを重ねますか。

山登りを始められたんですね。初夏の山頂に颯爽と立つあなたの姿が目に浮かぶようです。

五月二十日

卯の花腐し

うのはなくたし

卯の花は空木（うつぎ）の異名です。旧暦四月の異称である卯月は「卯の花月」が略されたといわれるように、この季節を代表する花です。この頃の曇り空は「卯の花曇り」、月夜は「卯の花月夜」。そして、花を腐らせるように降る長雨、いわゆる「走り梅雨」を「卯の花腐し」といいます。零（こぼ）れるように咲く真っ白な小花は晴天にも似合うのに、晴れの時の言葉がないのが不思議です。

卯の花くたしといいますが、庭の卯の花は、連日の雨に、かえっていきいきと咲いています。

五月二十一日

蚕豆

そらまめ

「空豆」とも書きます。莢(さや)が空に向かって上向きにつくので「そらまめ」という名がつきました。「蚕豆」と書くのは、豆が蚕(かいこ)の繭(まゆ)の形に似ているからとも、蚕を飼う初夏に食べるからともいわれます。その通り、初夏の味わいですね。地方によってさまざまに呼ばれてきたようですが、面白いことに、旧暦の時代でも四月豆と呼ばれたり五月豆と呼ばれたりしています。

空豆がおいしい季節になりましたね。もちろん、我が家の今夜のおかずは空豆です。

五月二十二日

雛罌粟

ひなげし

「虞美人草(ぐびじんそう)」の異名を持つ「雛罌粟」。今では「ポピー」という方がおなじみでしょう。花びらは四枚で、赤、黄、白などの明るい色。蕾(つぼみ)は下を向いているのですが、花は空を見上げるように咲きます。

うなだれていたひなげしのつぼみも、すっかり顔をあげて咲いていました。今日はまぶしい空です！

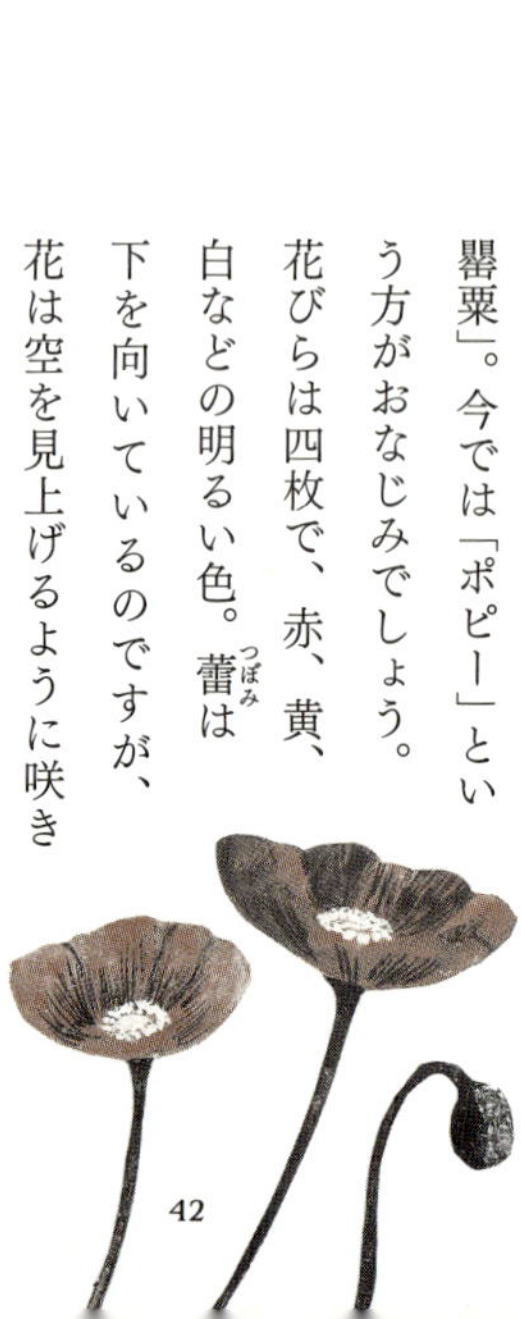

五月二十三日

楠学問
くすのきがくもん

楠は、生長は遅いのですが、大木になる木です。そこから、進度は遅くても着実に身につけていく学問のことを、「楠学問」と呼ぶようになりました。対照的に、梅は生長が早いけれども、大木にはなりません。そこから「梅の木学問」という言葉もできました。現代では、呑（の）み込みの早い梅の木学問の方が評価が高そうですが、楠学問を切り捨てては大木が育ちませんね。

楠の若葉が美しい季節です。私の方は、相変わらず大木にならない楠学問ですが、今も続けております。

五月二十四日

草笛
くさぶえ

「草笛」といっても、麦笛、葦笛（あしぶえ）、菖蒲笛（しょうぶぶえ）、柴笛（しばぶえ）などいろいろあるようです。昔の子どもたちはあれこれと工夫して遊んだのでしょう。上手に奏でるのは意外と難しいのですが、単に音がしただけでもうれしいものですね。どれも素朴で澄みきった音がします。もしかしたら、この音が草たちの声なのかもしれません。もの悲しく聞こえた時は、草たちが悲しんでいるのかも……。

夏草の生長の早さに目をみはるこの頃です。草笛を吹いてみたら、力強い音がしました。

五月二十五日

薔薇色

ばらいろ

薔薇にはさまざまな色の花があるのに、「薔薇色」というと何色をさすのでしょう。答えは薄紅色。薔薇の歴史は古く、『古今和歌集』や『源氏物語』などにも「さうび（そうび）」として登場します。これは、中国から渡来した庚申薔薇（こうしんばら）のことだとか。この花が薄紅色なのです。希望の象徴として用いられることが多い薔薇色。みなさんの未来は何色のイメージでしょう。

色とりどりのバラが咲いて、我が家の庭はバラ色です。ついでに未来もバラ色でありますように……。

五月二十六日

結び葉

むすびは

木の葉が生い茂って重なり合っている様子を「結び葉」といいます。「思い葉」ともいいますが、こちらは恋する男女の思いをたとえる場合に使われることが多いようです。まるで、幾重にも手をつなごうとしているように枝を伸ばし、葉を伸ばすこの時期の木々。お互いに協力しながら、生長していくかのようです。

木々は結び葉と呼ばれるほどに生い茂り、山々は緑を滴らせています。先日、新緑の候と書いたばかりなのにもう万緑。早いものですね。

五月二十七日

青時雨

あおしぐれ

「時雨」は、晩秋から初冬にかけて降ったりやんだりする小雨のこと。でも、青葉の季節ならではの時雨があるのです。濃霧のあとや雨上がりの朝などに、青葉にたまった雫(しずく)が降り落ちてきますね。それを、時雨に見立てて「青時雨」と呼びました。滴(したた)るような緑が水滴となって、きらめく光といっしょに零(こぼ)れ落ちてきたような気さえしてきませんか。

雨垂れかと思ったら、青葉から滴り落ちた青時雨。その冷たささえ快いと感じる季節になりました。

五月二十八日

老鶯

ろうおう

「春告げ鳥」の異名を持つ鶯は、春しか鳴かない鳥だと思われがちです。でも鶯(うぐいす)は一年中日本にいる鳥。春を過ぎると山地へ移動しますが、相変わらず美しい声でさえずっています。ところが昔の人は、夏に鳴く鶯を「老鶯(「おいうぐいす」とも)」と呼びました。ほかにも、残鶯(ざんおう)、晩鶯(ばんおう)、狂鶯(きょうおう)、乱鶯(らんおう)など、あんまりな呼び名もあります。鶯にとっては心外でしょうね。

山々では鶯の声が響き渡っていました。老鶯なんて呼ばれるけれど、もちろん若々しい美声でしたよ。

五月二十九日

杜若
かきつばた

「いずれ菖蒲（あやめ）か杜若」といいますが、古くから愛でられてきたのは杜若の方です。花を布にこすりつけて染めたので「掻（かき）(書)付花（つけはな）」。これが変化して「かきつばた」になったとか。湿地で育ち、花びらのつけ根の中央が白くなっているのが特徴です。アヤメ科の花の中では一番すっきりとして上品な雰囲気が漂う杜若を、昔の歌人たちは愛する女性にたとえて歌に詠みました。

雨に濡れる杜若の美しさ。あんな風情で雨の中にたたずめたら素敵でしょうね。

五月三十日

青葉空
あおばぞら

青葉が茂る頃の空を「青葉空」といいます。見上げれば、青葉越しに見える空。緑を通して、いっそういきいきと見えるようです。透けた葉っぱが、まぶしく輝いて見えるのも、この時期ならではですね。

青葉空を見上げながら深呼吸！これが、私の毎日の日課になっています。

五月三十一日

水鏡
みずかがみ

静かに澄んでいる水面に、物の影が映って見えることを「水鏡」といいます。水鏡は、美しい情景を二倍に広げて見せるわけですね。しかも逆さに映るため、現実の風景と水鏡の風景がひとつになって、「逆さ富士」などのように、新しい味わいを醸(かも)し出してくれます。ですが、水面が波だったり、汚れたりすると、美しい情景は映りません。まるで心のようですね。

こちらでは、水鏡にも緑の木々が映って、まさに万緑の世界です。英気を養いにぜひお越しください。

column

ふみの楽しみ

便箋(びんせん)

平安時代の貴族たちは、文を送る場合、紙の材質や色にも気を配り、花の枝を添えたり、香をたきしめたりして送ったといいます。

現在も、季節感あふれるさまざまなデザインの便箋が出回っていますね。時候の挨拶にあわせた絵柄を選んだり、「〇〇さんの好きなフリージアの便箋を見つけたので、お手紙したくなりました」など、便箋にあわせた挨拶も書けそうです。

相手を思い浮かべながら便箋を選ぶ……。そこから、手紙を書く作業は始まっているのですね。

安否、近況をたずねる言葉

時候の挨拶のあとには、相手の安否や近況などをたずねたり、自分の近況を書いたりするのが一般的な前文です。

書簡の場合、たずねてすぐにわかるわけではないけれど、案じる思いを伝えると同時に、相手を思い浮かべながら書くことができるからでしょう。

決まり文句がたくさんありますが、状況に応じて、その時の気持ちに一番ぴったりの言葉を選びたいですね。

お変わりございませんでしょうか。

つつがなくお過ごしかと、折りにふれ案じております。

ご無沙汰しておりますが、いかがお過ごしですか。

その後、お疲れなど出ておりませんでしょうか。

ご機嫌おうかがい申し上げます。

ますますご健勝のこととお慶び申し上げます。

～のこと（お忙しくご活躍のこと、存分に謳歌されていること、など）と、お察ししております（存じます）。

六月

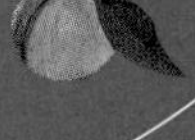

六月一日

真珠星

しんじゅぼし

この時期、南の夜空には、白く明るい星がよく見えます。乙女座の一等星・スピカです。和名は「真珠星」。その清楚な輝きにぴったりの名前です。真珠星の上に輝く赤みを帯びた星は、「麦星」と呼ばれる牛飼(うしかい)座(ざ)のアルクトゥルス。麦の収穫時に天頂に輝くので、こう呼ばれます。春から見え始めるので「春の夫婦星」と名付けられたこの二星。まるで幸せの絶頂にいるようです。

南向きの窓から、真珠星がよく見えるようになりました。今も時々眺めながらお手紙書いています。

六月二日

姫女苑

ひめじょおん

もともとは「柳葉姫菊(やなぎばひめぎく)」という名で、明治の初めに観賞用として持ち込まれた花だとか。それがまたたく間に野生化して、日本各地に広がりました。春に咲く「春紫苑(はるじおん)」とそっくりですが、春紫苑の茎は空洞で、蕾(つぼみ)はうつむき、葉は茎を抱くようにしてついています。「姫女苑」の茎は詰まっていて、蕾は上向き。どうもお姫様の方が、芯が通っていて大胆なようです。

いつの間にか、ハルジオンからヒメジョオンへ。季節とともに移り変わっているのですね。

六月三日

麦嵐
むぎあらし

「嵐」はもともと、山に漂うみずみずしい空気を意味する漢字でした。ところが日本では、山から吹き下ろす風ととらえられ、「あらし」と結びつくようになったようです。「青嵐（あおあらし）」も本来は青々とした山の空気のことですが、初夏の青葉を吹き渡るやや強い風という意味になっています。「麦嵐」も同様に、麦の実りの頃に吹く強い風。小麦色の穂をいっせいになびかせる風です。

太陽は日一日と日差しを強めてきているようですね。今日は、麦嵐が心地よく感じられます。

六月四日

蜜月
みつげつ

じつは、“honeymoon（ハネムーン）”の訳語です。本来は新婚旅行ではなく、新婚間もない時期のことでした。なんでも古代ゲルマン民族は、結婚すると一か月間、蜂蜜を発酵させたお酒を飲む風習があったとか。今では結婚にかかわらず、親密な状態をさす場合もありますね。単に甘い時間というだけでなく、蜂蜜のように豊かな栄養にできれば、真の「蜜月」といえるのでしょう。

ジューンブライドの夢が叶った幸せいっぱいのお二人さん。どうぞ蜜月の時期を大切にしてくださいね。

六月五日

早苗田

さなえだ

夏は、田んぼがいきいきとした表情を見せる季節。水を張って、土を砕き、かきならされた田んぼは「代田(しろた)」。田植えを待つばかりの田んぼです。田植えが終わると、「早苗田」、または「植田(うえた)」となります。整然と淡い緑の苗が並んでいる風景は、すがすがしいものですね。やがて苗が伸び、青々とした緑の「青田」が広がる日も近いことでしょう。

電車の窓に広がるみずみずしい早苗田を、心洗われるような思いで眺めているこの頃です。

六月六日

地道

じみち

本来「地道」は普通の速さで歩くこと。特に馬に乗った時に歩かせる速度のことをいいました。「地道に努力しなさい」などといわれると特別なことのように感じてしまいますが、普通のことだったのですね。ただ、地に足がつかないほどの速さで進んでいく現代人にとっては、普通ではなくなってしまったのかもしれません。

今年の夏は自然体で、一歩一歩、地道に歩んでいこうと思っています。気候不順の折柄、あなたもご無理なさいませんように……。

六月七日

柘榴

ざくろ

「紅一点」という言葉は、王安石（おうあんせき）の「柘榴を詠（えい）ずるの詩（詠柘榴詩）」という漢詩からきた言葉です。「紅」は、柘榴の花だったというわけです。紅というよりも、朱に近い柘榴の花。この時期、一輪どころか、たくさんの花を咲かせています。きっとそれぞれの花が、ひとつしかない自分だけの紅を誇っているのでしょう。どの花も、万緑の中、ひときわ目をひく色です。

深い緑に朱を散らして、柘榴の花が咲き始めました。梅雨入りも近いようですね。

六月八日

照々坊主

てるてるぼうず

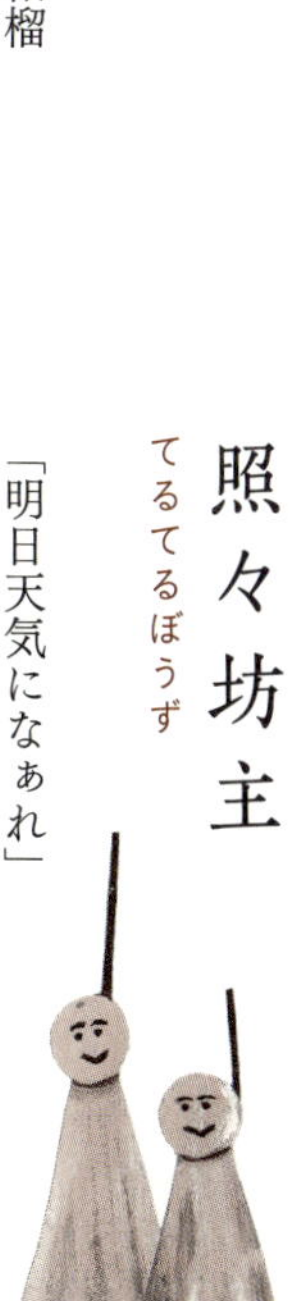

「明日天気になぁれ」といって「照々坊主」をつるした経験のある人は多いことでしょう。江戸時代中頃には、すでに行われていたようです。大正十年に発表された童謡『てるてる坊主』（浅原鏡村作詞・中山晋平作曲）では「晴れたら金の鈴あげよ」となっていますが、本来は、晴れたら瞳を描き入れ、御神酒を注いで川に流したそうです。

てるてる坊主が誇らしげにぶら下がっていました。今日のお天気、誰かの祈りが通じたのでしょう。

六月九日

麦日和

むぎびより

「麦日和」は、麦蒔きによい日和と、麦の刈り入れに適した日和、どちらの意味でも使います。麦蒔きなら十一月頃。「小春日和」と呼ばれる穏やかな日が多い頃です。麦刈りは、五月の終わりから六月の初め。この時期は、年によっては、梅雨が近づいて不安定な天候になることもあるかもしれません。それだけに、収穫の喜びと重なって、晴れた日の心地よさはひとしおです。

昨日までのぐずついたお天気がうそのように、気持ちのいい麦日和となりました。

六月十日

三余

さんよ

一年の作業を終えて春を待つ冬は「年の余(よ)」。日暮れまで働いて家で過ごす夜は「日の余」。雨に降りこめられて何も作業ができないひと時は「時の余」。これらを読書に適した時間として「三余」と呼びました。寒い冬、暗い夜、鬱陶(うっとう)しい雨の日。昔の人は、神様がくれた特別な時間のように思って有意義に過ごしていたのですね。

冬は年の余、夜は日の余、雨の日は時の余。この三余は読書に適した時間だとか。でも私にとっては落ち着いて手紙が書ける時間です。

六月十一日

梅の雨

うめのあめ

「梅雨（ばいう）」を読み下した言葉です。読み方を変えるだけで、ずいぶん雅（みやび）な印象になりますね。こうして歌や句に詠み込まれました。青々とした新緑に降りそそぐ雨が思い浮かびます。「青梅雨（あおつゆ）」も梅雨をさす言葉です。梅の実が熟す頃の長雨なので梅雨と書くようになったとか。そういえば、梅の実も青葉も、長雨を鬱陶（うっとう）しいなんて思いもよらないように、いきいきと雨に濡れています。

ひと雨ごとに梅の実が色づくのを見ていると、うっとうしさも忘れます。まさに梅の雨の季節ですね。

六月十二日

二重虹

ふたえにじ

昔の人は、虹は天にのぼる龍の姿だと考えたそうです。虹のことを虹霓（こうげい）ともいいますが、「虹」は雄の龍で「霓」は雌。それも色鮮やかな方が雄、暗い方が雌だとか。二重に見える虹を「二重虹」といい、二重虹の内側は主虹（しゅこう）、外側は副虹（ふくこう）と呼びます。きっと淡く見える副虹を雌に見立てたのでしょう。主虹と副虹では七色の並びが逆になります。まるで向かい合っているようですね。

さっき、二重虹がかかっていました。虹が見られるチャンスが増えると思うと、雨もいいものですね。

六月十三日

折角

せっかく

後漢の時代、人望のあった郭泰（かくたい）が雨にあい、かぶっていた頭巾（ずきん）の角（かど）が折れ曲がってしまったそうです。ところが人々はそれを真似て、わざと角を折って頭巾をかぶるようになりました。わざわざするという意味はここから生まれたといいます。ほかに、その行為に対して、報われないことを残念がる気持ちで使うことも多いですね。

せっかく丁寧に教えていただいたのですから、これから梅干し作りに挑戦しようと思います。折りにふれてご教授くださいね。

六月十四日

雨接待

あめせったい

突然の雨に見舞われたり、雨に降りこめられたりすることを、「雨接待」といいます。自分にとって、好ましくない対応をされたとき、「ずいぶんなご挨拶だね」というようなニュアンスでしょうか。何といっても、恵みの雨……。むげに雨を嫌がるものではないという気持ちが含まれているのかもしれませんね。

蛍狩りに行ったものの、帰りは、びしょぬれになってしまいました。手荒い雨接待を受けたということにして、納得しております。

六月十五日

擬宝珠

ぎぼうし

橋や縁（えん）の欄干（らんかん）に見られる葱（ねぎ）の花のような丸い飾りを「擬宝珠」といいます。これに蕾（つぼみ）、花穂、若葉などの形が似ているのでこの名がついたとか。薄紫の清楚な花です。

雨の中、ぎぼうしの蕾が、大切なものをしっかり包み持っているように濡れています。花が咲いた頃に、またお便りしますね。

六月十六日

心晴らし

こころばらし

空模様だけでなく、心の中にもお天気があるようですね。心を晴れ晴れとさせることを「心晴らし」といいます。ほかにも、気散じ、気晴らし、憂さ晴らし……。ニュアンスは違いますが、よく似た言葉がたくさんあります。天候の方はどうしようもありませんが、心の天気はある程度自分の力で何とかなる、そう思って、コントロールしようとしてきたあらわれなのでしょう。

長雨に気分もふさぎがちな毎日。せめて心晴らしに、おいしいケーキなど食べに行きませんか。

六月十七日

梅雨明り

つゆあかり

梅雨の雨がひと休みした夕方に、うっすら光が差し込んでくることがありますね。それを「梅雨明り」といいます。「梅雨の晴れ間」と違って、梅雨明りは少し明りがさす時をいうのだとか。いつの間にか日脚が伸びている頃。夕方に雨がやむと、思わぬ明るさにはっとするので、こう呼ぶようになったのかもしれません。

よく降りましたね。ようやく雨音が途絶えました。梅雨明りの空を見て、ほっとひと息ついたところです。

六月十八日

砌

みぎり

「砌」の語源は「水限（みぎり）」。もともとは、水際や雨雫（あめしずく）の落ち際をさす言葉でした。やがて、雨垂れを受けるために軒下に並べた敷石や石畳のこともさすようになります。転じて、庭や境界という意味でも用いられました。その境界という意味が、広く空間や時間にも及ぶようになって、現在に至ります。時候の挨拶だけでなく、「幼少の砌」「御多忙の砌」という使い方もしますね。

梅雨の晴れ間の太陽は、驚くほど元気でした。向暑のみぎり、くれぐれも御身おいといください。

六月十九日

束の間

つかのま

「束」は古代の長さの単位。「つかむ」と同語源で、手でつかんだほどの長さのことだそうです。つまり、親指を除いた指四本分の幅にあたるわけですね。「束の間」は、一(ひと)束(つか)ほどの時間。ごく短い時間のたとえとして使われるようになりました。ですが、たとえ束の間でも、今という時間は私たちがこの手につかんでいる時間です。

- 気持ちよく晴れたのも束の間、また雨が降り出しました。
- 束の間でしたが、あなたの笑顔を見ることができて安心しました。

六月二十日

七変化

しちへんげ

お芝居や舞踊で、ひとりが衣装を次々と変えながら役柄を演じ分けることを「七変化」といいますが、ランタナや紫陽花(あじさい)の異名にもなっています。ランタナは幕末に渡来した帰化植物。鮮やかな色の小花が集まって咲き、黄色から橙(だいだい)、薄紅色から濃いピンクのように色が変化します。おなじみの紫陽花は、白から薄紫、青、桃色……。雨に濡れながら色を変えていきます。

紫陽花が街を彩る季節になりました。雨の日も七変化を楽しみにしながら過ごせそうです。

六月二十一日

雨垂れ拍子

あまだれびょうし

雅楽や謡曲では、拍子を一定の間隔で奏でることを「雨垂れ拍子」というそうです。やがて、未熟な人が三味線やピアノをたどたどしく弾くことをさすようになりました。そして、物事の進み具合がとぎれがちで一定しないという意味でも使われたようです。最初は、雨垂れを規則正しい音としてとらえていたのが、いつしか不規則な音になっているところが面白いですね。

隣の雨垂れ拍子のピアノの練習と本物の雨垂れとのちぐはぐなデュエットをひそかに楽しんでいます。

六月二十二日

短夜

みじかよ

夏至は、一年で一番昼の時間が長く、夜が短い日です。とはいえ、日の出が最も早くなるのはもう少し前。日の入りが最も遅くなるのはもう少しあとにずれます。いずれにしても、ずいぶん日が長くなりました。歳時記では、春は日永（ひなが）、夏は短夜、秋は夜長（よなが）、冬は短日（たんじつ）といい分けられますが、夏は夜の短さよりも、昼の長さを実感することの方が多いかもしれませんね。

朝起きると、いきなり元気なお日様に出会うこの頃。短夜を実感する間もない毎日です。

六月二十三日

吸々花

すいすいばな

筒状の花穂に、小さな紫色の花をたくさんつける靭草（うつぼぐさ）。昭和の初め頃までは、空き地や道端など、どこでも見られる草だったそうです。それだけ親しまれてきたのでしょう。多くの異名が残っています。「吸々花」もそのひとつ。花の根元の甘い蜜を、子どもが吸ったからです。「すいすい」という快い語調……。もしかしたら、子どもたちがつけた名前なのかもしれませんね。

いつもの道でうつぼ草を見つけました。吸々花、巫女の鈴、いろんな異名を覚えて愛でています。

六月二十四日

でんでん虫

でんでんむし

「で〜んでんむしむしかたつむり〜」……。梅雨の時期になると口ずさむ歌ですね。「でんでん虫」の「でんでん」は、「出よ出よ」が変化したものだといわれます。

雨の休日、今日はかたつむりのようにのんびりを決め込みました。「でんでん虫」ではなくて、「出ぬ出ぬ虫」になってます。

六月二十五日

百合
ゆり

百合は、「揺る」からきているという説が一般的です。たしかに、花が大きいわりに茎が細く、わずかな風にも揺れる風情がいかにも奥ゆかしい花です。「百合」は漢語。鱗片がたくさん重なり合った球根の形からきています。つまり百合根（ゆりね）ですね。香りが強すぎるので、病気のお見舞いには不向きですが、「合」は和合に通じるので、新郎新婦の門出を祝う花でもあるそうです。

気分転換に、百合の花を窓辺に飾ってみました。心なしか梅雨空まで明るくなったような気がします。

六月二十六日

濡れ色
ぬれいろ

水に濡れた色は、みずみずしさを増し、わずかな光にも、輝いて見えますね。「濡れ色」は濡れた色のことですが、まるで濡れたように艶のある色のこともこういいます。周りの景色が、一面濡れ色に輝く雨上がりの情景の美しさ。雨は、天が地上の景色を、鮮やかに塗りかえる作業なのかもしれません。

雨があがって、街はしっとりとした濡れ色に塗り替えられたようです。この手紙、書き上がったら、さっそく投函してきますね。

六月二十七日

生憎
あいにく

期待にそぐわない時や、具合が悪い時に使う「生憎」。「あや憎し」が変化した言葉だそうです。「あや」は、「あぁ〜」などと同じ感動詞。「憎し」は、心にかなわなくて恨めしいというほどの感情をあらわす言葉でした。漢字は、漢詩に使われていた言葉を当てたものだそうです。よく似た言葉に「折（あ）悪しく」もありますね。

今日はあいにくの空模様なので、家でゆっくりしています。体にとっては、あいにくどころか、大歓迎のお天気なのかもしれません。

六月二十八日

雨籠り
あまごもり

空から降るものは、天の意思……。そう考えられていた古代。雨の日に外出するとはタブーでした。それを「雨障（あまつつみ）」「雨籠り」などといって、屋内にこもっていなければならなかったそうです。今では自由に外出できるといっても、やはり雨のために予定を取りやめることもありますね。これも天の思（おぼ）し召しと思えば、意外と充実した時間になるかもしれません。

今日はよく降るので、外出は中止して雨籠り。雨音をBGMに読書などしておりました。

六月二十九日

梔子

くちなし

漢字は、漢語をそのまま当てたもの。熟しても実が割れないので「口なし」と呼ばれるようになったといわれます。その実は、古くから染料に使われました。お料理の色付けにも使われますね。ですが、なんといっても「梔子」といえば、その芳香。真っ白な花びらから、むせかえるほどの甘い香りを漂わせます。まるで、心に秘めた豊かな思いがあふれ出ているようです。

どんよりとした空に、くちなしの花の白さと甘い香りが、ひときわひき立つ季節です。

六月三十日

茅の輪

ちのわ

茅（ちがや）は、古くは呪力を持つ神聖な植物だったそうです。邪気を払うといわれ、旧暦六月末日に行われた「夏越（なごし）の祓（はらえ）」では、茅を束ねて作った大きな輪をくぐって邪気を払いました。茅の古くからの呼び名は「茅（ち）」。ですから、その輪のことを「茅の輪」といいます。現在でもこの時期になると、神社に茅の輪が設けられていますね。

一年の前半が終わる節目の日ですね。茅の輪くぐりをしてきました。夏の暑さにも負けず、後半も元気で過ごせますように……。

七月

七月一日

泰山木

たいさんぼく

大木の上に咲く大きな白い花は、どっしりとした印象です。明治の初めに渡来し、「大山木」と呼ばれました。花や葉が大きいことを山にたとえた名ですが、植物学者の松崎直枝（まつざきなおえ）が「泰山木」と書いて以来、こちらの表記が広まったとか。「泰山」は中国五岳（ごがく）のひとつ。世界遺産にも登録されています。その泰山になぞらえられた泰山木も、ゆるぎない風情で芳香を放っています。

梅雨曇りの空に悠然と咲く泰山木。
そのゆるぎない風情を愛でながら
も、あくせくと通勤する私です。

七月二日

半夏生

はんげしょう

二十四節気を、さらに三つに分けた七十二候では、夏至の末候（七月二日頃）は「半夏生（はんげしょう）ず」となっています。「半夏（烏柄杓（からすびしゃく）のこと）」という草が生える時期という意味です。暦にも「半夏生」と記され、田植えを終える目安の日としました。この日は、一年のほぼ真ん中にあたります。ここでちょっと振り返ったり、目標を見直したりするのもいいかもしれませんね。

今日は半夏生ですね。早いもので、
もう一年の折り返し点。できるだけ
丁寧に過ごそうと思います。

七月三日

金魚

きんぎょ

鮒が原種だといわれる「金魚」。色も形も多種多様ですね。語源は、鱗が金色に光って見えるからだとも、「黄の魚」が「きんぎょ」に変化したともいわれます。室町時代に明から伝わったそうですが、当時は身分の高い人だけのものだったとか。江戸時代になると庶民にも広まり、金魚売りの声が夏の風物詩になりました。

涼しげに泳いでいる金魚を横目で見ながら、汗ばかりかいているこの頃です。

七月四日

雲の峰

くものみね

普通、「入道雲」と呼んでいる雲は、「雲の峰」ともいいます。どちらも力強い響きを持っていますが、坊主頭の大男に見立てた入道雲には親しみがこもり、山の峰にたとえた雲の峰には神聖な響きが加わるようです。孤高の峰、延々と連なる峰など、さまざまな姿を見せてくれる雲の峰。共通していることは、いつも灼けつくような天にそびえ立っているということでしょう。

目をやると、いつの間にか雄大な雲の峰がそびえています。いよいよ本格的な夏ですね。

七月五日

お茶の子

おちゃのこ

もとは、お茶にそえて出すお菓子のことでした。やがて、朝食前にとる簡単な食事など、軽くお腹を満たすものもこう呼ぶようになります。これらがお腹にたまらないことから、容易にできるという意味で使われ始めました。はやし言葉の「さいさい」をつけて、「御茶の子さいさい」という形でよく使われますね。リズミカルな響きとともに、本当にすらすらできてしまいそうですね。

浴衣もお茶の子さいさいで着られるようになりました。花火大会や盆踊りがとっても待ち遠しいです。

七月六日

捩花

ねじばな

ひょろっと伸びた一本の茎に、桃色の小さな花が螺旋状（らせんじょう）に咲いていきます。捩（ね）じれて花がつくので「捩花」という名がつきました。捩じると同じ意味の「捩（もじ）る」から、「捩摺（もじずり）」とも呼ばれますが、古来、歌に詠まれた「しのぶもじずり」とは、直接関係ありません。ぐるぐる迷ったりひねくれたりしても、結局はまっすぐ空に向って伸びていく……。人の心もそうかもしれません。

今日は、梅雨の晴れ間。公園の芝生に咲いていたねじ花も、まっすぐ空を見上げてうれしそうでした。

七月七日

織姫星

おりひめぼし

七夕の主役は「織姫星」。琴座のベガのことです。七夕の頃、天頂に近い場所でひときわ明るく輝きます。伝説によると、織姫は機織りの名手。そんな織姫にあやかろうと、機織りの上達を願ったのが、書道、詩歌などに広がって、今ではすっかり願い事を託す日になりました。でも本当は一年に一度の大切な逢瀬（おうせ）の日。二星の幸せを祈ってあげる日なのかもしれませんね。

織姫星のデートのお邪魔をしては悪いので、今宵は空を見上げないでおきます。おやすみなさい。

七月八日

要

かなめ

「要」は、扇の末端にはめ込んである楔（くさび）のことです。蟹（かに）の目に似ていることから、「蟹の目」が変化して「かなめ」になりました。扇の骨はこの要の一点だけで留められています。要がはずれてしまえば、ばらばらになってしまうわけです。そこで、物事を支える最も大切な事柄や人物のこともさすようになりました。一番大切なのに目立たない……。よくあることですね。

夏を楽しむには、健康が要。お身体に気をつけて、すばらしい思い出をたくさん作ってくださいね。

七月九日

百日紅

さるすべり

語源は猿滑り（さるすべり）。木登りの得意な猿でも滑りそうなほど、木肌がつるんとしているからです。むき出しの肌のようで、くすぐると笑い出しそうだと思われたのでしょうか、「笑い木」と呼ぶ地方もあるそうです。「百日紅」は漢語。紅色の花が百日近くも咲き続けるからです。ちょうど暑さが厳しい時期の百日間。そんな中でも笑顔で咲いているようです。

百日紅の花が咲き始めました。いよいよ本格的な夏の幕開け。今年はどんな夏が待っているでしょう。

七月十日

銀竹

ぎんちく

氷柱（つらら）のことも「銀竹」といいますが、激しく降る大粒の雨も、銀の竹にたとえられました。後から後から降ってくる大粒の雨。その雨脚がきらきら光って、なるほど銀の竹が降ってくるようです。このような雨は夕立に多いところから、夕立の異称ともなりました。突然、天がもたらした銀の竹林。ひと時の幻影のような風景です。

突然の激しい雨に慌てて洗濯物を取り込みながら、ふと銀竹という言葉を思い出しました。そう思うと、なかなか雰囲気のある雨ですね。

七月十一日

小灰蝶

しじみちょう

とっても小さな「小灰蝶」の仲間。二枚貝の蜆（しじみ）に似ているということでこの名がつきました。「蜆蝶」とも書きますが、貝の蜆とまぎらわしいので「小灰蝶」と書きます。そういえば、蝶にも貝にも「やまとしじみ」という種があります。どちらもおなじみの種です。いろんな色をした小灰蝶がいるのに「小灰蝶」と書かれるのは、灰色の大和小灰蝶（やまとしじみ）のイメージなのでしょう。

今日は梅雨もひと休み。久しぶりの日差しを楽しむように、しじみ蝶が飛び交っていました。

七月十二日

細流

せせらぎ

「細流」の語源説はいろいろありますが、細かい、小さいという意味の「細（ささ）」に接尾語がついた「さざらぎ」が変化したという説が有力です。ほかに、水の流れる音だともいわれます。現代風にいえば、「さらさら」と感じる水の流れを、昔の人は、「ささ」とか「せせ」と聞いたのかもしれません。浅瀬を流れる水の清冽さ……。その音を聞くだけで、涼しさを感じますね。

夏ほど、せせらぎの音が素敵に聞こえる季節はないと思いながら、耳を傾けています。

七月十三日

浜木綿

はまゆう

注連縄（しめなわ）や玉串（たまぐし）などにつけて垂らす白い四手（しで）は、現在では紙製ですが、古くは「木綿（ゆう）」を用いました。楮（こうぞ）の樹皮を蒸して水にさらし、細かく裂いたものです。その木綿に花が似ていて、海辺に生えているから「浜木綿」。別名「浜万年青（はまおもと）」ともいいます。ほかにも語源説はあるのですが、芳香を放ちながら潮風になびく白い花は、神に祈りを捧げているようです。

梅雨明けが待たれるこの頃。そろそろ潮騒の音と浜木綿の花が恋しくなってきました。

七月十四日

送り梅雨

おくりづゆ

梅雨入りに先立って見られるぐずついたお天気は「迎え梅雨」「走り梅雨」といいます。反対に「送り梅雨」は、梅雨明けの頃に降る雨のこと。こちらは、大雨や雷雨です。あたかも、梅雨を送り出すように降る雨ということでしょう。ですが、決まったようにはいかないのがお天気の常。送ったつもりがまた戻ってきて、「返り梅雨」「戻り梅雨」となることもしばしばですね。

今日は、ずいぶん激しく降っています。これが送り梅雨となるのかもしれませんね。

七月十五日

団扇

うちわ

「扇」が日本で生まれたのに対して、「団扇」は中国で生まれたものです。漢字は漢名をそのまま当てていますが、語源は「打ち羽」。もともとは蚊や蝿を打ち払うものだったようです。この点でも、あおぐものとして生まれた「あふぎ」、つまり扇とは異なりますね。今では、団扇、扇、ともに、手軽に涼を呼べる身近な道具です。その上、夏らしい情趣も魅力のひとつですね。

日照り続きのこの頃、今も、うちわ片手にお手紙書いています。左うちわならいいのですけど……。

七月十六日

お湿り

おしめり

日照りが続いたりして、ちょっと湿り気がほしい時、雨のことをこう呼びますね。大降りでもなく、小降りでもなく、適度の雨を期待しての言葉です。普通、よいことをもたらす場合は「潤う」を用い、「湿る」はあまりよくない場合に使うものですが、この「お湿り」は、待ち望んだ雨のこと。どちらかというと「潤い」に近いニュアンスですね。

夕立が降って、ほどよいお湿りになりました。今夜は熱帯夜からも解放されそうです。

七月十七日

炎帝
えんてい

中国から伝わった五行思想の考え方を受けて、春をつかさどる神は木の神（青帝、または蒼帝）。夏は火の神（赤帝、または炎帝）、秋は金の神（白帝）、冬は水の神（黒帝、または玄帝）とされてきました。燃えるような炎天が続く近年の日本の夏には、「赤帝」より「炎帝」の方がぴったりですね。とどまるところを知らないような炎帝の勢い。どこまで続くのでしょうか。

今年も炎帝のパワー健在の夏ですね。もうがんばらないでと言いたくなります。

七月十八日

長夏
ちょうか

もともと「長夏」は、夏の盛りの日の長い頃をさす言葉です。また、六月の異称としても用いられました。日中の長さが一番長いのは夏至ですね。旧暦では五月にきますが、梅雨のさ中。日脚の長さを実感するのは、梅雨が明けてからだからでしょう。現代では、五月に初夏を感じて以来、九月になっても気温の高い日が続きます。現代の夏にぴったりの言葉かもしれません。

長夏の候……文字通り、長い夏が続きます。あなたにとって素敵な夏になりますように。

七月十九日

麦藁帽子

むぎわらぼうし

麦藁で編んだ帽子は通気性がよく、湿気がこもらないので、日本の夏にはぴったり。今ではさまざまな色や形のものが出回っていますが、やはり「麦藁帽子」といえば、つばの広い素朴なタイプですね。まるで夏の日の象徴のよう。そんな麦藁帽子には、日に焼けた肌が似合います。

昔なら、そろそろ麦わら帽子に虫取り網の子どもたちが走り回る季節ですね。今では見かけなくなって、ちょっと寂しいです。

七月二十日

水天一碧

すいてんいっぺき

水と天がひと続きの青に見えることを、「水天一碧」、または、「水天一色（いっしき）」といいます。青海原の上に続く、雲ひとつない青空。島影もなく、船も浮かばず、水平線が見えるばかり。しかも快晴……。日本でこんな風景に出会える場所は、そう多くはないかもしれませんが、きっと天空海闊（てんくうかいかつ）（度量が大きく、何のわだかまりもないこと）といった心持ちになることでしょう。

海から空へと続く壮大な青のグラデーション。水天一碧の情景を前に、すっかり心が洗われました。

七月二十一日

夕顔
ゆうがお

「夕顔」は、朝顔や昼顔とはまったく別の仲間。ウリ科の植物です。よく、朝顔を大きくしたような白い花を夕顔と呼んでいますが、こちらは明治の初めに渡来した夜(よる)顔(がお)です。昔からある夕顔は、南瓜(かぼちゃ)や糸瓜(へちま)の花に形が似た白い花を咲かせ、その実から干瓢(かんぴょう)を作ります。名前の通り、夕方に開いて朝にはしぼむ花のはかなさが、『源氏物語』に登場する夕顔と重なります。

梅雨が明けた途端、この暑さ。涼しげな夕顔の花にほっと心安らぐひと時です。

七月二十二日

土用照り
どようでり

立秋の前の十八日間が夏の土用です。最も暑さが厳しい期間とされてきました。この時期の強い日差しのことを「土用照り」といいます。いわゆる「かんかん照り」ですね。ところが、土用照りは豊作のしるしとされたそうです。逆に、土用なのに雨が多くて気温が上がらないような時は「土用潰(つぶ)れ」といいました。厳しい暑さも、稲にとっては天の恵みなのですね。

しばらくは、厳しい土用照りが続くようですね。くれぐれも熱中症には、お気をつけください。

七月二十三日

青田波

あおたなみ

若苗色だった稲もぐんぐん生長して、濃く鮮やかな葉を茂らせていく頃です。一面が、青々とした緑で包まれた田んぼを「青田」といいます。青田の上を吹き渡る風は「青田風」。そんな風に、稲は波のようにそよぎます。これを「青田波」と呼びます。青田波を眺めていると、まるで風が通っていく様子が目に見えるよう。すがすがしい気持ちにさせてくれる波です。

田んぼは、もう一面の緑。今日は青田波を見て、爽快な気分になりました。

七月二十四日

牛根性

うしこんじょう

昔から牛は、特別な動物でした。天神様の使いだといわれたり、牛神（うしがみ）としてまつられたり……。祇園精舎（ぎおんしょうじゃ）の守護神とされる牛頭天王（ごずてんのう）も、頭上に牛頭を乗せています。「牛根性」は、歩みは遅いけど、こつこつと努力する性格のこと。特に厳しい環境にある時は、あせらず、着実に、牛根性でのり切ることが大切ですね。

うだるような暑さで、何をするにも牛の歩みになっています。持ち前の牛根性、いい面が出せるようにしたいものです。

七月二十五日

蝉時雨

せみしぐれ

時雨は晩秋から初冬に見られる、降ったりやんだりする通り雨のことです。情景だけでなく、その音も愛されてきました。「蝉時雨」も、強く弱く聞こえてくる蝉の合唱を、時雨の音にたとえた言葉です。それにしても、暑さをかきたてるような蝉の声を、時雨を思い浮かべながら聞いた昔の人の感性には驚くばかりです。

蝉時雨で目が覚めるこの頃です。朝からこの暑さ。本物の雨が降って、少し冷やしてくれるとありがたいのですが……。

七月二十六日

打ち水

うちみず

庭や道に水を撒(ま)く「打ち水」の効果が見直されています。日中に行うと、かえって蒸し暑くなってしまうので、朝夕に行うのが効果的だといいます。少しでも涼しく過ごすための昔からの知恵ですね。茶道では、客を迎える際の作法になっているそうです。撒き水といわずに打ち水……。そういうだけで、きりっと身が引き締まるような感じがします。

炎暑の候、お変わりありませんか。朝夕、表の道に打ち水をするのが、すっかり日課になりました。

七月二十七日

見舞い

みまい

　今では「見舞う」と書きますが、もともとは「見廻う」と書いて、見まわることでした。やがて、訪問したり挨拶に行ったりするという意味で使われるようになり、訪ねることができない場合の書状や贈り物もこう呼ぶようになったということです。暑中見舞い、寒中見舞いのほかにも、雪見舞い、風見舞い、水見舞い……。昔から、折りにふれて見舞ってきたのですね。

猛暑が続く折柄、体調など崩しておられませんか。心からお見舞い申し上げます。

七月二十八日

吊り忍

つりしのぶ

　「吊り忍」は、シダの仲間の忍草(しのぶぐさ)を束ねて忍玉(しのぶだま)を作り、風鈴をつけるなどして、軒先に吊るしたものです。土がなくても耐え忍んで育つから「忍」という名がついたとか。暑さもどこ吹く風といった風情ですね。

窓辺に吊り忍をあしらってみました。気のせいか涼しさを呼んでくれるような気がします。

七月二十九日

行水

ぎょうずい

昔は、大人も子どもも盥（たらい）で「行水」をしました。日中、日向（ひなた）に置いてぬるくした「日向水（ひなたみず）」を用いることも多かったそうです。太陽の恵みをいっぱいに受けた水。疲れた身体を癒す効果もあることでしょう。とはいえ本来の行水は、神事や仏事の前に心身を清めることでした。寒い冬でも行われたそうです。やはり冬の行水は広まらなかったようですね。もちろん夏の季語です。

暑さのみぎり、行水でもできたら、どんなにさっぱりするだろうと思いながら過ごす日々です。

七月三十日

昼顔

ひるがお

朝顔、昼顔、夜顔。どれもヒルガオ科の植物です。三つの中では最も小さな顔の昼顔。名前からすると朝寝坊の印象ですが、朝顔と同じように早朝から咲き始めます。ところが、朝顔と夜顔が観賞用なのに対して、なぜか昼顔は雑草扱い。たしかに繁殖力は旺盛だそうです。ですが、淡い薄桃色の花はそんな強さを感じさせないほど、やさしい印象です。

いつもの道端に、昼顔が咲いています。笑顔のようなその花に元気づけられる毎日です。

七月三十一日

日照星

ひでりぼし

夏の夜を彩る星は、赤い星が多いようです。「炎星」「夏日星」とも呼ばれる火星。赤ら顔の天狗（狗賓）に見立てた「狗賓星」という異名を持つ牛飼座のアルクトゥルス。「赤星」「酒酔い星」といわれるさそり座のアンタレス。これらの星は「日照星（旱星）」と呼ばれてきました。夜になってもほとぼりがさめない現代の日本の夏に、ふさわしい星のようですね。

蒸し暑い夜が続きますね。眠れないままに、日照星のまたたく窓辺で、お手紙書いています。

column

ふみの楽しみ

文香

ふみこう

封を切った瞬間、ほのかに香りが漂えば、どんなに気持ちがいいでしょう。

文香は、封筒に入れるお香のことです。本来は、香木などを砕いて和紙に包んだものですが、今では、さまざまな材質のものができているようです。

手紙といっしょに、封筒に入れて送るだけ。自分で作ることもできますし、木の葉や押し花などに香りを移して同封しても素敵です。

ただし、重さや厚さには注意が必要ですね。

お礼の言葉

今でも、お礼状を書く機会は多いのではないでしょうか。その際には、お礼の言葉に添えて、どんなにうれしかったか、その気持ちも伝えたいですね。

また、何かをいただいた時や、してもらった時だけでなく、ちょっとした感謝の気持ちを言葉にして伝える機会はたくさんあることでしょう。そんな時、できるだけ自分らしい自然な言葉を用いる方が、より心をこめることができると思います。

今日は、楽しい時間をありがとうございました。おかげ様で、最高の一日になりました。

いつもお世話になりっぱなしで、なんとお礼を言っていいかわかりません。

何度「ありがとう」と言っても足りないほどです。

身に余るご厚意、うれしいやら恐縮するやら、取り急ぎこの気持ちを伝えようとペンをとりました。

お心遣いに、感謝の気持ちでいっぱいです。

過分なおはからい、ただただ、冥利（みょうり）に尽きます。

これ以上の幸せはありません。

八月

八月一日

招涼の珠

しょうりょうのたま

昔、中国の燕（えん）という国の昭王（しょうおう）は、「招涼の珠」という不思議な珠を持っていたそうです。これを持つと、どんな酷暑でもたちまち涼しさを覚えるとか。日本にも伝わり、漢詩や歌に詠み込まれています。それによると、ささやかな水滴に「招涼の珠」を感じていたようです。

- このところの酷暑、招涼の珠があればなどと思ってしまいます。
- 湧き水をすくった時の鮮烈な冷たさ！　招涼の珠が宿っているのではと思いました。

八月二日

白雨

しらさめ

「はくう」「びゃくう」と読んでも、同じです。目の前を真っ白に煙らせながら降る、激しい雨の情景が浮かびますね。夏の夕方に多いので、夕立とほとんど同じ意味で使われてきました。ともに夏の季語です。雨といっても、どこかからっとした印象なのは、さっと通り過ぎていってしまうからかもしれません。

急に白雨が降ってきました。おかげで、地面のほとぼりを少し冷ましてくれそうです。今夜は、寝苦しさから解放されるかもしれませんね。

八月三日

夜の秋

よるのあき

「秋」とついていますが、夏の季語です。日中は、まだ厳しい暑さの日が続いても、夜になると、ふと秋を思わせるような涼しさを感じる……。ということで、土用半ばを過ぎた夏の夜をさすそうです。昔はそうだったのでしょうけど、土用を過ぎた頃といえば、ますます気温が上がる時期。特に現代の都会では、なかなか「夜の秋」を実感できないかもしれませんね。

こちらは寝苦しい毎日が続きます。そちらでは、一足先に夜の秋を感じておられるでしょうか。

八月四日

手馴れ草

てなれぐさ

「手馴れ草」とは扇のことです。扇は、涼しい風を起こすための道具として、日本で考え出されたといいます。語源は「あふぎ」。あおぐものという意味です。穢(けが)れや悪いものを追い払うと考えられ、儀式には欠かせないものとなりました。ほかにも合図をしたり、顔を隠したり、歌を書き留めたり……。きっといつも手になじんでいたのでしょう。草にたとえるとは優雅ですね。

今年の暑さで、扇がすっかり手になじんでいます。手馴れ草という異称がぴったりになりました。

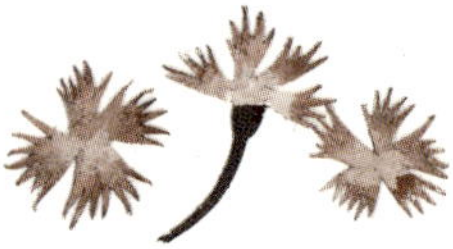

八月五日

大西日

おおにしび

昔は「西日」というと、沈みゆく太陽をさしました。西の空に傾く大きな太陽、それが「大西日」です。強い日差しの印象から、歳時記では夏の季語になっています。ただ、夕陽が大きく見えるのは目の錯覚だとか。また、西日そのものが暑いというわけでもないそうです。地面や周囲の建物などの照り返しの暑さを、すべて西日のせいだと感じてしまうから。それなら一概に嫌う必要はなさそうですね。

大西日と呼びたくなるような強い日差しに閉口する毎日。でも、元気で過ごしておりますのでご安心を。

八月六日

空火照

そらほでり

夕焼けは、さまざまな美しい言葉でいいあらわされてきました。「天が紅（あまがべに）」「夕紅（ゆうくれない）」「夕映え（ゆうばえ）」、そして「空火照」。清少納言は「秋は夕暮れ」といいましたが、歳時記では、夕焼けは夏の季語。特にまだ暑さが残る時期の夕焼けは、なるほど空が火照（ほて）っているようです。熱気に満ちた一日が終わり、ほっとひと息つく時間。それは、天も同じなのかもしれません。

今日もうだるような一日でしたね。空火照りする夕暮れを迎えて、ようやく人心地つきました。

八月七日

風鈴

ふうりん

もともと「風鈴」は、涼をとるために考え出されたものではありません。古代中国では、魔除けのために吊るしたり、音で風を占ったりするためのものだったとか。鎌倉時代にはすでに日本に伝来していたといわれます。鈴の音には、神を呼び降ろし、邪悪を払う力があると信じられてきました。たしかに、心を清めてくれそうな響きです。

風鈴が、涼しさを奏でています。あなたのもとにも、涼しさが届きますように……。

八月八日

清か

さやか

「清か」は「冴える」という意味の「冴ゆ」から派生した言葉で、その「冴ゆ」は、「寒・冷（さむ）」から生まれたそうです。凍てついた冬の冷気の中で、色も、音も、空気も、何もかもが澄みきってはっきりと鮮やかに見える……。そんな情景が元になっているのですね。よく似た言葉に「爽（さわ）やか」がありますが、どちらも秋の季語になっています。

立秋になったといいますが、古歌のとおり、秋が来たことは、目にはさやかに見えなくて、風の音に耳をすましているところです。

八月九日

涼風
すずかぜ

「りょうふう」と読んでも、同じです。歳時記では、「涼風」は夏の季語。暑い時期は、ほんの少しの涼しさでもより心に残るからでしょう。秋になって初めて感じる涼しさは「新涼（しんりょう）」や「初涼（しょりょう）」と呼んで区別します。夏に感じる涼しさに比べて、より鮮烈でさわやかな感じがしますね。

- 日の暮れの涼風に、ほっとするひと時です。
- 暦の上ではもう秋ですが、新涼の候……と書き始められるのはまだまだ先のようですね。

八月十日

行き合いの空
ゆきあいのそら

ふたつの季節が行きかう空を「行き合いの空」といいます。「行き合い」は、出会いという意味。昔の人は、空の上で季節が出会うと考えたのですね。なかでも、夏から秋への変わり目を、「行き合いの空」と呼ぶことが多いようです。雲の形、空の色や高さ……。季節が変わりつつあることを感じながら眺めると、本当に行きかう季節が見えるような気がします。

入道雲の上にうろこ雲……。行き合いの空を眺めながら、夏から秋へと移りゆく季節を感じています。

八月十一日

四方山話

よもやまばなし

四方八方、あちらこちらという意味の「四面八面（よもやも）」が、「よもやま」に変化したといわれます。「四方山」は当て字ですが、情報が発達していなかった時代では、四方の山を越えてきた人の話は大変興味深く、貴重なものだったのでしょう。「山」は山盛りという意味にも通じます。盛りだくさんの土産話（みやげばなし）というニュアンスも感じられて、うれしい響きの言葉ですね。

お盆休みに久しぶりにお会いして、四方山話に花を咲かせたいですね。今から楽しみにしています。

八月十二日

禊萩

みそはぎ

罪や穢れ（けが）を祓（はら）う時などに、川や海の水で身を清める儀式を禊（みそぎ）といいます。「禊萩」は、ちょうどお盆の時期に、茎をすっと伸ばし、たくさんの紅色の花をつける草。この草を切って水で濡らし、雫（しずく）をふりかけて精霊のお供え物を清めたので禊萩（みそぎはぎ）。やがて変化して「みそはぎ」「みぞはぎ」となったとか。「溝萩」とも書きます。盆花の代表として、そのまま「盆花」とも呼びました。

みそ萩が花屋さんに並んでいるのを見て、ふるさとを思い出していたところです。いかがお過ごしですか。

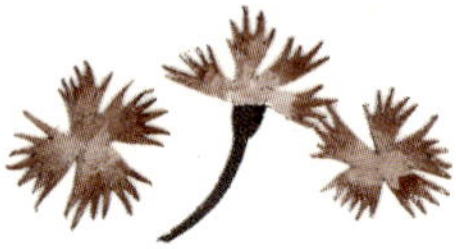

八月十三日

盆花迎え

ぼんばなむかえ

お盆にお供えする花を「盆花（ぼんばな）」「精霊花（しょうりょうばな）」といいます。禊萩（みそはぎ）、桔梗（ききょう）、女郎花（おみなえし）、山百合（やまゆり）、鬼灯（ほおずき）、樒（しきみ）など、昔は七月十一日、または十三日に、山に出かけて採ってきたそうです。これを「盆花迎え」といいました。「盆花折り」ともいうそうですが、その花に先祖の霊が乗ってくるものと考え、「迎え」といったのだそうです。

お花の好きな人でしたから、きっと花に乗って戻ってくることでしょう。盆花迎えのつもりで、庭の桔梗を供えました。

八月十四日

かなかな

木々にこだまするように響く、高く澄んだ鳴き声……。「かなかな」と聞き做（な）され、そのまま蜩（ひぐらし）の異称になりました。実際は夏のうちから鳴き始めるのですが、秋の季語になっています。たしかに、いかにも涼しげな声です。「かな」は、詠嘆の意を添えるときに用いられた終助詞。この声にも、さまざまな思いが重ねられてきたことでしょう。

心が洗われるような、かなかなの声を聞きました。夏も終わりのような気がして寂しさがよぎります。

八月十五日

走馬灯（そうまとう）

灯をともすと、内側の影絵が回転して見えるしかけの灯籠（とうろう）で、回り灯籠ともいいました。本来は馬などの動物が描かれていて、回り出すと走っているように見えたのでしょう。江戸時代になるとさまざまな絵が描かれ、納涼玩具として発達しました。よく比喩的に用いられる言葉ですね。

お盆の時期になると、いつも思い出が走馬灯のようにかけめぐって、何から書けばいいのか……。

八月十六日

音頭（おんど）

もとは、大勢で歌う時などに、先に歌い出してみんなをリードすることをいいました。民謡の世界では、ひとりが音頭を取り、それに続けてみんなが唱和する形式が盛んになり、やがてこの形式の曲も「音頭」というようになります。今では大勢がいっしょに踊る曲としておなじみですね。音頭の形式ではなくても、「○○音頭」という題がついている曲も多いようです。

盆踊りのシーズンですね。音頭や太鼓が聞こえてくると、今でもじっとしていられない私です。

八月十七日

線香花火
せんこうはなび

「線香花火」は、江戸時代初期からあったそうです。関東では持ち手が和紙、関西では藁（わら）でした。火をつけるとすぐにできる火の玉を牡丹（ぼたん）と呼び、その後、松葉、柳、散り菊と変化します。繊細な一本の花火にこれだけの変化が仕組まれていると思うとただただ感動するばかり。それぞれのシーンに美しい名前がつけられているのも、日本人ならではの感性ですね。

今日は家族で、線香花火を楽しみました。火薬の匂いの残る手で、お手紙書いています。

八月十八日

戯
そばえ

空が晴れているのに降る雨は、さまざまな名前で呼ばれてきました。「天気雨」「日照り雨」「狐の嫁入り」、そして「戯」。戯はもともとふざけることですから、天がふざけて雨を降らせたと思ったのでしょう。「通り雨」や「私雨（わたくしあめ）（限られた地域だけに降るにわか雨）」をさして、戯ということもあるようです。きっと、空の上にもいたずらっ子がいるのでしょうね。

晴れた空から雨です！　暑い日に降るそばえは、涼しくならなくてもなぜかうれしく感じます。

八月十九日

雲梯
うんてい

昔は、城攻めに使う長い梯子（はしご）のことを「雲梯」といいました。現在では、校庭や公園に置かれている遊具の名前になっています。雲の梯（かけはし）……。ロマンチックな名前がついていたのですね。手でぶら下がったまま、前へ前へと進んでいくだけの単純な遊びに夢中になった子どもの頃。雲梯の横棒越しに見える大空を渡っていくような錯覚が、心地よかったのかもしれません。

公園のうんていをさわってみたら、熱くてびっくり。童心にかえるのは涼しくなるまでお預けです。

八月二十日

秋の初風
あきのはつかぜ

それぞれの季節の初めに吹く風を、「初風」といいます。中でも、代表的な初風は、旧暦元日に吹く「春の初風」と、秋の到来を感じさせる「秋の初風」です。特に、和歌に数多く詠まれてきたのは、秋の初風の方。それだけ、心待ちにされた風といえるでしょう。季節の移り変わりを告げるだけではなく、私たちの心にも身体にも、新鮮な息吹を吹きこんでくれる風です。

立秋をずいぶん過ぎましたが、待望の秋の初風はいつ吹くのでしょうね。心待ちに過ごしています。

八月二十一日

肘傘雨

ひじかさあめ

突然の雨……。雨宿りする場所もなく、肘を頭の上にかざして駆け出した経験はありませんか。そんなにわか雨のことを、「肘傘雨」と呼びます。慌てる様子が目に浮かぶようで、昔の人の観察力を思わせる言葉です。『源氏物語』にも出てくるほどですから、ずいぶん古くから使われてきたということになります。とはいえ、今でも充分使えますね。

突然の肘傘雨にほうほうのていで帰ってきました。変わりやすいお天気に翻弄されるこの頃です。

八月二十二日

余熱

ほとぼり

昔は、「ほとおり」といったそうです。「ほ」は「火」、「とおり」は「通り」。熱気や熱のことをいいました。やがて「熱」そのものより、どちらかというと「余熱」をさすように変わっていきます。今では、人の心の関心や感情の余波にたとえて使われることがほとんどですね。人の心も地球も、熱気がさめにくくなってきているのかもしれません。

残暑厳しい折柄、夜になっても、大地のほとぼりはなかなかさめませんね。お疲れ出ませんように。

八月二十三日

忘れ潮

わすれじお

潮が引いた後、砂浜や磯に残っている海水のことで、「潮溜まり」ともいいます。満ち潮と引き潮を繰り返す海。置き去りにされたような水溜りを「忘れ潮」と呼ぶとき、ちょっぴりせつなさがよぎります。

にぎわっていた浜辺も、さすがに人が少なくなりました。忘れ潮に夏の思い出が揺れているようです。

八月二十四日

法師蝉

ほうしぜみ

つくつく法師のことを、「法師蝉」ともいいます。独特の鳴き声が聞こえてきたら、いよいよ秋だと感じます。歳時記でも秋の季語です。鳴き声がそのまま名前になっていますが、ほかにも「美し佳(よ)し」「つくづく惜し」「つくづく憂し」「つくづく愛(お)し」「筑紫恋し」など、さまざまに聞き做(な)されてきました。

今日、法師蝉の声を聞きました。なぜか「つくづくおいしい」って聞こえてきました。一足先に食欲の秋がやってきたみたいです。

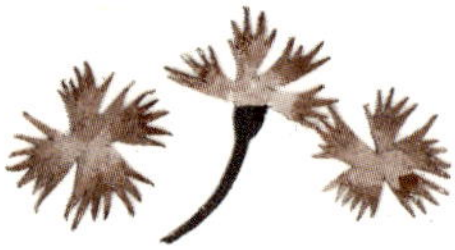

八月二十五日

面白い

おもしろい

語源は、顔の前が開けて、ぱっと白くなる感じをあらわしたものだという説が一般的です。今では、「白くなる」というと、かえって興ざめするような感覚がありますが、古代の人の白に対するイメージは、明るく輝いている感じだったようです。「面白い」といっても、さまざまな面白さがありますが、表情がいきいきと輝くような感情は大切にしたいですね。

季節の移り変わりの空が、面白く眺められる今日この頃。変化に富んだ雲の形を楽しんでいます。

八月二十六日

村雨

むらさめ

激しくなったり弱くなったりして降る俄雨（にわかあめ）のことです。にわかに群がって降る雨ですから、まだ、「群雨」と書く方が正しいのですが、万葉の時代からよく「村雨」と表記されてきました。たしかに、雨に濡れる村々の情景まで浮かぶような気がします。もともと、群がるの「群」と「村」は、同語源。人が集まって、村になるというわけですものね。

村雨が通り過ぎて、少ししのぎやすくなりました。そろそろ夏の疲れが出る頃、くれぐれもご自愛を。

八月二十七日

涼月
りょうげつ

旧暦七月の異称に、「涼月」があります。旧暦では七月から秋ですが、現代の暦に直すと八月頃。当時は、夜ともなれば、涼しい風が吹いたのかもしれません。涼しげに感じられる月の光のことも「涼月」といいます。それなら、気持ち次第で、いつでも涼月が見られそうですね。

日中はしつこい残暑が居すわっていますが、朝晩、心地よい風が吹くようになりました。確実に季節は移っているようですね。今夜の月は涼月です。

八月二十八日

盆の月
ぼんのつき

盆のような丸い月ということではありません。旧暦七月十五日の月のことです。この日はお盆。本来のお盆は満月に見守られながら行われる行事だったのですね。「盆踊り」も月の下で踊る行事でした。一か月後の中秋の名月に比べると、光の冴えはまだもの足りないかもしれません。でも、あたたかい眼差しのように、精霊を迎える人々を照らしてくれたのでしょう。

今日の満月は、やさしい光を放っていました。旧暦の盆の月と聞いて納得です。

八月二十九日

馬大頭

おにやんま

古くは、蜻蛉（かげろう）のことを「えんば」ともいいました。羽が複数あるという意味の「重羽（えば）」がなまったものだといいます。ほかの昆虫の羽は一対に見えたのでしょう。この「えんば」が「やんま」に変化したようです。「馬大頭」は漢名。日本産の蜻蛉の中では最大で、黒と黄色の胴に、美しく輝く緑の複眼。水辺をパトロールする雄姿がいつまでも見られますように。

ずいぶんオニヤンマを見ていません。子どもの頃を思い出していたら懐かしくなってお手紙しました。

八月三十日

芙蓉

ふよう

「芙蓉」は、もともと蓮（はす）の花のことです。蓮に似た花を咲かせる木ということで、「木芙蓉（もくふよう）」。これがいつしか芙蓉となりました。清らかでふんわりとした花が、一日でしぼむはかなさも魅力のひとつです。

薄紅色の芙蓉がやさしげに咲いています。心なしか、日差しもやわらいできましたね。

八月三十一日

八月尽

はちがつじん

昔は、末日のことを尽日（じんじつ）ともいいました。末日を略して末というように、尽日も略して「尽」ともいいます。尽といい切るきっぱりとした響きが、容赦なく過ぎていく時の流れを象徴しているようです。「八月尽」は秋の季語。近年ではまだ暑さが残る時期ですが、夏休みが終わる日だからでしょうか、大人になっても、ひとつの節目のように感じます。

もう八月尽……。宿題があるわけではないのに、あせりを覚えるなんて、おかしいですね。

column

ふみの楽しみ

封

江戸時代、恋文などの封じ目には、「五大力菩薩（ごだいりきぼさつ）」と書いたそうです。遊郭から広まった風習で、五大力菩薩のご加護で、相手に無事届きますようにとのおまじないだとか。

現在、一般に使われるのが「〆」ですね。ほかにも「封」や「締」。重要なものには「緘（かん）」、お祝い事の場合は「寿」や「賀」を用います。

今では、封のためのシールもいろいろ出回っているので、そちらを使う方も多いことでしょう。封筒のデザインや季節感とそろえるのもおしゃれですね。

お詫びの言葉

　何を謝るかにもよりますが、大きな過ちの場合は、時候の挨拶なども抜きにして、ただただ、心をこめて謝ることが大切です。場合によっては、原因、経過、これからの対応などを添えることも必要でしょう。
　ただし普段でも、ご無沙汰を詫びたり、乱筆乱文を謝ったりと、ちょっとしたことでお詫びの言葉はよく使っているものですね。その際にも、手紙独特の言い回しがあります。

ただただ、ごめんなさいのひと言につきます。

改めてお詫びにうかがう所存ですが、まずは、心からお詫び（陳謝）申し上げます。

この度は、大変お手を煩わせ（お手数をかけ）てしまい、心苦しく思って（恐縮して）おります。

言葉足らずの上、不調法なもので、何と申し上げたらいいか……。本当に失礼いたしました。

ご無沙汰を重ねてしまい、申し訳なく思っております。

返信が遅れましたこと、どうぞお許し（ご容赦・ご海容）ください。

九月

九月一日

二百十日

にひゃくとおか

立春から数えて二百十日目にあたる日です。稲が開花し、実を結ぼうとする頃。そして、台風が襲来する時期にもあたります。昔から農家は、この日と、十日後の「二百二十日」と、旧暦八月一日（八朔）を、三厄日として警戒してきました。九月一日は関東大震災があった日でもあり、防災の日にもなっています。容赦のない大自然の恐ろしさを改めて痛感する時期です。

二百十日は無事過ぎましたが、まだまだ台風シーズンですね。どうか被害などありませんように……。

九月二日

初萩

はつはぎ

萩は「秋の七草」の筆頭にもあげられ、秋を象徴する花とされてきました。萩を観賞することを「萩遊び」といい、「萩の宴」も催されました。とはいえ、萩は夏に一度花を咲かせることが多く、その花は「青萩」「五月雨萩」「夏の萩」などと呼ばれます。そして、秋になって最初に咲く萩が「初萩」です。しなった枝に、たわわに咲き零れる花は、やはり秋の萩ならではです。

我が家では、萩の花が秋本番を教えてくれます。今日、初萩が咲いていました！

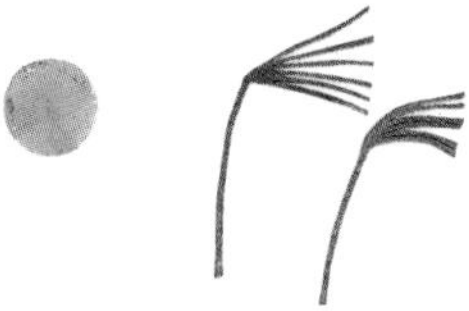

九月三日

虫聞き
むしきき

昔の人は、春に「花見」をするように、秋には「虫聞き」もしたそうです。夕暮れ時に虫の声に耳を傾けながら、野山に集ったり散策したり……。唱歌『虫の声』に登場する虫は、あまり鳴いていないかもしれませんが、鐘叩き(かねたたき)の「チンチンチン……」、閻魔蟋蟀(えんまこおろぎ)の「コロコロコロ……」、綴れ刺せ蟋蟀(つづれさせこおろぎ)の「キキキ……」などは、街中でも聞こえるのではないでしょうか。

虫すだく季節。道々、虫聞きをしながら帰るのが、この頃の楽しみになっています。

九月四日

青松虫
あおまつむし

都会の夜長を、最も大きな声で鳴き通す「青松虫」。松虫に形が似ていて、鮮やかな緑色をしているところから、この名がつきました。でも鳴き声は、はかなげな松虫と違って、「リーリーリー」と力強ささえ感じる声です。じつは、明治末期から大正の頃に日本にやってきた帰化昆虫だとか。電子音を思わせる高音の響きは、現代の都会に似つかわしいのかもしれません。

秋の夜長も、こちらでは、青松虫のひとり舞台。街の騒音にも負けずに、盛んに鳴いています。

九月五日

そこはか

語源は、「そこは彼（か）」という説と、「そこ」に目当てや仕事の進み具合を示す「はか」がついたという説があります。いずれにしてもきっちり「そこだ」といえるほど明らかな様子をあらわす言葉でした。逆にはっきりしないことは「そこはかとなく」。ところが今では、「そこはか」だけでも、はっきりしない意味で使われます。あってもなくても同じ風情なのですね。

- 秋の気配がそこはかとなく漂ってくる今日この頃～
- そこはかとした秋の風情に～

九月六日

野分晴れ
のわきばれ

昔は台風のことを「野分（のわき）」といいました。野の草を分けるように吹く荒々しい風という意味です。そして、野分が去ったあとの晴天は「野分晴れ」。いわゆる台風一過の晴天です。毎年被害をもたらす台風。野分晴れも、痛々しい傷跡を残しているとはいえ、そこにはまぶしい光が差します。その輝きを希望の光として、人はまた立ち上がることを繰り返してきたのですね。

今日は、野分晴れの空がひときわまぶしく眺められます。被害がなくて、何よりでした。

九月七日

竜田姫

たつたひめ

日本の四季をつかさどるのは女神です。春は佐保姫(さほひめ)、夏は筒姫(つつひめ)、秋は竜田姫、冬は打(う)つ田姫(たひめ)。その中で一番気まぐれなのは竜田姫かもしれません。暦の上ではもう秋なのに、なかなかやってこなかったり、嵐を巻き起こしたり、来たと思ったらまた引っ込んでしまったり……。毎年豹変します。だからこそ魅かれてしまうのでしょう。さて、今年の姫のご機嫌はいかがでしょうか。

今年は秋の深まりが早いような気がします。竜田姫がはりきっているのかもしれませんね。

九月八日

棗

なつめ

春になっても、まだ枯れ枝のまま。初夏になってようやく芽を出し始めるので「夏芽」と名がつきました。「棗」は、朿(とげ)をふたつ重ねて、刺(とげ)の多い木であることをあらわしているそうです。間もなく葉が茂り、目立たない小さな花を咲かせ、秋にはもう実を結びます。緑色から、黄色、赤、暗い紫色へと熟していく時期はとてもカラフルです。

棗の実がたわわに実っています。さまざまな色の実が、彩り豊かな秋を象徴しているようです。

九月九日

菊酒
きくざけ

九月九日は重陽の節句。旧暦の時代は、ちょうど菊の花が咲く時期だったので、菊を飾り、「菊酒」を酌(く)み交(か)わして祝いました。そこから「菊の節句」とも呼ばれます。菊酒を作るのは簡単。菊の花を浮かべただけで、彩りの美しい、芳香漂よう菊酒のできあがりです。長寿と若返りの象徴でもある菊。飲み干せば、その願いがかなえられると昔の人は思ったのですね。

今日は重陽。菊酒でお祝いしてみました。どうか健やかに過ごされますようお祈りしております。

九月十日

果物
くだもの

「果物」は「木の物」が変化したといわれます。古代「菓子(かし)」といえば果物のことでした。それがやがて、大陸から伝わった甘い食べ物を「唐菓子」、果物は「水菓子」といって区別するようになりました。ところで、出された果物を食べたそうにしている様子を「果物急ぎ」といいます。『源氏物語』にも出てくる言葉です。千年を経た今でも、この気持ちはよくわかりますね。

大好きな果物がたくさん出回る、うれしい季節になりました。秋の実りを満喫したいと思います。

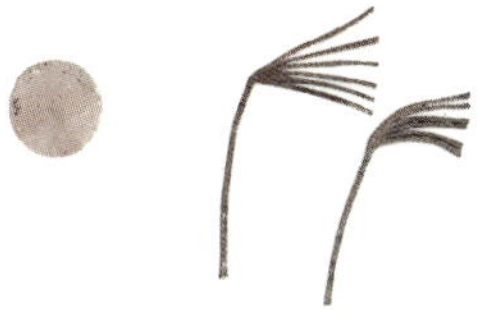

九月十一日

日和風

ひよりかぜ

天気が回復する兆しの風を「日和風」といいます。目には見えない日和風。昔の人はそれをとらえようと、息をこらして待ったのでしょう。天候だけでなく、つらい時は、悪いことばかりに目を向けがち。でも、それでは日が差し始めたことさえ気づかない心になりそうです。ささやかな希望の兆しを全身で感じようとした時、心の中にも日和風が吹くのではないでしょうか。

あなたのお手紙が、日和風を運んできたようです。不思議とお天気がよくなってきました。

九月十二日

許し色

ゆるしいろ

昔は、身分によって着用してもいい色が決まっていました。深い紫や深紅など、一般の使用が禁じられた色のことを禁色（きんじき）といいます。ただ、色めは同じでも淡い淡い色なら許されたそうです。それが「許し色」。特定の色の名前ではありませんが、いつからともなく、代表的な許し色である淡い紫や薄紅色のことをさすようになりました。今でもなぜか安心できる色です。

秋風にコスモスの花が揺れる季節ですね。やさしい許し色が、さわやかな青空によく似合います。

九月十三日

竹春

ちくしゅん

初夏に顔を出した筍（たけのこ）もすくすく育って、旧暦八月頃、つまり現在の九月頃になるといきいきと葉を茂らせます。また、筍に栄養を回して葉が黄ばんでいた親竹の方も、葉を落とした後に新芽を伸ばし、若葉を茂らせるようになります。そこからこの時期を「竹春」「竹の春」というようになりました。風にそよぐ葉ずれの音が、竹が春を謳歌する喜びのメロディーに聞こえます。

竹春の候、みずみずしい若竹色が心地よく眺められます。ようやく過ごしやすくなってきましたね。

九月十四日

野菊

のぎく

分類学上、「野菊」という名の菊はありません。秋に野山に咲いている野生の菊の総称です。嫁菜（よめな）、野紺菊（のこんぎく）、柚香菊（ゆうがぎく）、山白菊（やましろぎく）など、どれもよく似ていて、見分けるのはなかなか難しいものです。だから、野菊とひとまとめに呼んでしまうのでしょう。代表的な野菊は嫁菜ですが、こちらは西日本の花で、東日本では関東嫁菜（かんとうよめな）になるそうです。やさしく秋の野を彩る花たちですね。

道端の陽だまりに、野菊が咲いていました。薄紫の控えめな色が、秋の野に美しく映えますね。

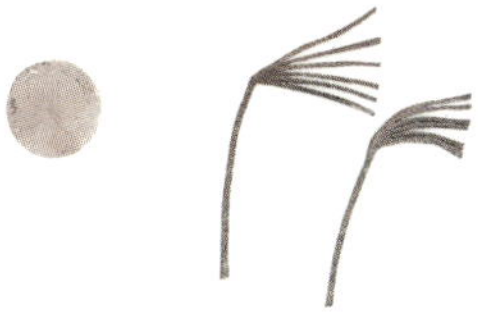

九月十五日

初物
はつもの

　その季節になって初めての収穫物を「初物」といいますが、一般にはその年初めて食べるものをさすことが多いかもしれません。「初物七十五日」といって、初物を食べると寿命が七十五日延びるといわれました。「終わり初物」ということわざもあります。盛りの時期を過ぎて終わり頃になると、初物と同じように珍重されることです。とはいえ、旬のものもいいですね。

少しですが、別便で初物の柿を送りました。どうか、お元気で長生きしてくださいね。

九月十六日

豊旗雲
とよはたぐも

　大きく旗がひるがえるようにたなびく雲を「豊旗雲」と呼びます。季節を問わず使われた言葉ですが、このような雲は秋によく見られる形。それに「豊」という言葉からも、秋らしい雰囲気が漂います。

大空に豊旗雲がたなびくさわやかな秋の日、いよいよ実りの季節到来ですね。

九月十七日

黄金色
こがねいろ

奈良時代は金のことを、黄色い金属という意味で「黄金（くがね）」と呼んでいました。「く」は「黄」が変化したもの。それがさらに変化して「こがね」になったのだといわれます。「黄金色」と聞いて、実った稲穂を思い浮かべる人も多いのではないでしょうか。澄みきった空気の中、きらめきさえ放っているような稲穂。心まで豊かにしてくれる、素敵な季節の贈り物ですね。

黄金色に実った稲穂の上を、輝く風が吹き渡る季節。どうぞ充実した日々をお過ごしください。

九月十八日

夕月夜
ゆうづきよ

宵の間だけ月のある夜を、「夕月夜」といいます。旧暦でいうと、だいたい二日月（ふつかづき）から七日目の半月（はんげつ）の頃まで。ちょうど、次第に月が満ちていく時期にあたります。それと同時に、月が夜空を照らす時間が日に日に長くなっていく時でもあるのです。希望が日ごとにふくらんでいく……。そんな気がする時期ですね。

夕月夜に虫時雨……。秋の風情を楽しみながら、ついつらつらと書き連ねてしまいました。そろそろペンを置きたいと思います。

九月十九日

後れ蚊
おくれか

たまに、力なく漂っている季節外れの蚊を見かけることがありますね。そんな蚊を「後れ蚊」「残る蚊」「別れ蚊」「溢（あぶ）れ蚊」「哀（あわ）れ蚊」などと呼びます。蚊にまで、やさしい眼差しを向けていたのでしょうか。とはいえ、秋の蚊の方が、刺された後のかゆみが強く感じられます。そう思うと、昔の人の心の広さには脱帽です。

哀れ蚊とか後れ蚊なんて言うそうですが、さっき刺されたあとのかゆいこと！　お手紙書くのにも集中できないほどです。

九月二十日

三昧
さんまい

もとは仏教用語で、梵語Samādhiの音訳だそうです。心をひとつのことに集中させるという意味で、一心に仏事を行う場合に用いられた言葉でした。近世以降は仏事から離れて、何かに熱中するという意味になります。趣味ならいいのですが、贅沢三昧（ぜいたくざんまい）、放蕩三昧（ほうとうざんまい）、悪行三昧（あくぎょうざんまい）など、次第によくないことにも用いられるようになってきているのは、いかがなものでしょうか。

秋気（しゅうき）清らかな秋の夜半（よわ）、日毎に満ちていく月を時おり眺めながら、相変わらずの読書三昧です。

九月二十一日

千草

ちぐさ

もろもろの名前も知らない草たちを、「千草」「百草（ももくさ）」「八千草（やちぐさ）」「色草」などといいます。これらの言葉には邪魔だという気持ちは感じられません。たくさん生えていること、いろいろな草があることへの喜びや親しみの気持ちさえうかがえます。名は知らずとも、ひたむきに生きている命……。そんなあたたかい眼差しが感じられる言葉ですね。

朝晩めっきり涼しくなりましたね。今朝は、千草におりた朝露をまぶしく眺めました。

九月二十二日

円満

えんまん

もともとは、仏教用語だそうです。「円満する」という形で、功徳（くどく）や願いなどが充分に満たされていることをいう言葉でした。やがて次第に意味が変化し、現代のように、かどがたたない穏やかな状態をさすようになったということです。人柄、人間関係、社会、手段、さまざまなものにあてはめられますね。微笑ましい幸せの輪の中に、みんながいられますように……。

家族で芋掘り、いいですね。円満なご家庭の様子を伺い、こちらまで幸せな気持ちになりました。

九月二十三日

彼岸花

ひがんばな

秋の彼岸の頃になると、申し合わせたように、燃え立つような花を咲かせる「彼岸花」。「曼珠沙華（まんじゅしゃげ）」という名でも親しまれていますね。数本だけでも目をひくのに、真紅の花が群生している時の鮮やかさ。真っ青な秋の空に映えて、一段と鮮やかに見えます。

暑さ寒さも彼岸までという通りの過ごしやすい一日になりましたね。お墓参りに行く道々、彼岸花が咲きそろって出迎えてくれました。

九月二十四日

月露

げつろ

ふたつの風物で、自然をあらわす言葉には、山河（さんが）、山水（さんすい）、風水（ふうすい）、水雲（すいうん）、風月（ふうげつ）、月露などがあります。それぞれ、微妙にニュアンスが違いますね。「月露」というと、自然の中でも、ロマンチックな情景が浮かびます。そういえば、露のことを「月の雫（しずく）」ともいいます。月も露も秋の季語。澄みきった空気の中で、いっそう月露に代表される自然が、美しく映える季節です。

月露に親しむ候。日増しに空が高く澄んで、月が美しく眺められるようになってきました。

九月二十五日

高鳴き

たかなき

「キィーキチキチー」と、澄みきった空気を引き裂くように聞こえてくる甲高い声。百舌（もず）の「高鳴き」です。百舌は夏の間、山地の方で過ごし、秋になると平地に降りてきて、けたたましく鳴くのです。雀ぐらいの小さな鳥ですが、立派な猛禽類（もうきんるい）。蛙（かえる）や蜥蜴（とかげ）を捕まえ、枝に突き刺しておく習性も持っています。これを急ぎのお供えに見立てて「百舌の速贄（はやにえ）」といいます。

今日、百舌の高鳴きを聞きました。いよいよ秋本番。空気も澄んできたようですね。

九月二十六日

月の客

つきのきゃく

月見の客という意味なのですが、「月の客」というと、まるで月が主（あるじ）として、もてなしてくれているかのような表現です。たしかに、美しく清（さや）かな月の輝きは、それだけで充分なもてなしといえるでしょう。そんな月に感謝してお供えをするのが、お月見の風習なのかもしれませんね。

十五夜は、月の客になって、やさしい光を堪能しました。思えば、お月さまって、おもてなし上手ですね。誰でも、心ゆくまで和ませてくれるのですから。

九月二十七日

雨名月

あめめいげつ

中秋の名月が雨で見えないことを「雨月（うげつ）」「雨夜の月」「雨の月」「雨名月」などといいます。また、曇って見えない時は「無月」「中秋無月」。たとえ雨でも曇りでも、昔の人は空を見上げ、月を探したのですね。たしかに、じっと見ていると、ほのかな光で月の居場所がわかることがあります。そんな時は、うれしさもひとしおです。

こちらは、雨名月になってしまいました。ぼんやりと空を眺めながら、月見団子を食べたところです。そちらはいかがでしょうか。

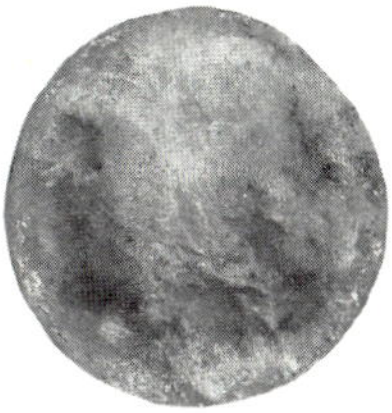

九月二十八日

天満月

あまみつづき

満月のことです。電気のなかった昔、闇を照らす月は、現代の私たちが感じるより、ずっと明るいものだったに違いありません。

特に満月の光は、天に満ちあふれるように感じられたことでしょう。秋になり、次第に空気が澄みきっていくと、月の光はいっそう輝きを増すようです。そしてその光は、誰にも等しく注がれます。

窓越しに満月を眺めながら、お手紙書き終えました。煌々と輝く天満月の光も同封しておきますね。

九月二十九日

秋湿り

あきじめり

「秋湿り」は、秋の長雨のことですが、雨をさすよりも、湿りそのもの、つまり、湿度の高い状態をさすことが多くなっているようです。とはいえ、梅雨の頃のじめじめとした湿気とは違って、どこかひんやりとした湿り気ですね。それは、不快感よりも、寂しさ、人恋しさを募らせるものなのかもしれません。

秋湿りにめいりがちな気分を吹き飛ばそうと、ペンを取りました。いっしょに遊びに行く計画などたてませんか。

九月三十日

朱鷺色

ときいろ

朱鷺（とき）は、「鴇」「桃花鳥」とも書きます。学名「ニッポニアニッポン」。かつては、日本の各地で見られる鳥だったそうですが、野生種は絶滅してしまいました。真っ白な翼を広げて飛ぶと、翼の下面の美しい薄桃色が目を奪います。それが「朱鷺色」です。夜明けの空の色にもたとえられました。朱鷺がたくさん羽ばたいていた頃の日本の空は、どんなに美しかったことでしょう。

朱鷺色のカーディガンを買いました。今度お目にかかる時に、はおっていきますね。

十月

十月一日

雨冷え
あまびえ

しとしとと降り続く秋の雨……。「ひと雨一度」ということわざがあるように、この頃は、雨が降るたびに少しずつ気温が下がっていきます。「雨冷え」は、雨が降って冷え込むこと。ほかの季節にもあることでしょうけど、「冷やか」「朝冷え」などとともに秋の季語になっています。やがて、ひんやりとした「秋冷（しゅうれい）の候」へ導く雨ともいえますね。

今朝の雨冷えは、いっそう身にしみます。お身体冷やされませんよう、どうぞご注意ください。

十月二日

虫熟し
むしこなし

昔の人は、人間の体の中には虫が住んでいると思っていたようです。そして、自分でコントロールできないものは、体内の虫のしわざと考えました。これも生活の知恵かもしれません。虫をなだめるために気分転換をしたり、憂さを晴らしたりすることを「虫熟し」といいます。上手に虫熟しができるといいですね。

虫の居所が悪そうですね。私の方は、腹の虫が鳴いて困る季節です。虫こなしを兼ねて、何かおいしいもの、食べに行きましょうか。

十月三日

新米
しんまい

何といっても、その年新しく収穫した米のおいしさは格別ですね。これさえあれば、何にもいらないと思えるほどです。ところで、参加してから日が浅く慣れていない人のことも「新米」といいますね。さまざまな説がありますが、「新前（しんまえ）」がなまったという説が一般的です。こちらの新米は、これから一人前になれるよう、努力を実らせていくわけですね。

新米をおいしく味わっているこの頃です。食欲の秋と重なって、つい食べ過ぎてしまいそうです。

十月四日

小紫
こむらさき

秋に紫色の実をたくさんつける「紫式部」という木があります。雅（みやび）な雰囲気から、平安時代の女流歌人・紫式部の名前がそのままつけられました。その紫式部より小ぶりで形が整っているのが「小紫」。よく観賞用として庭に植えられています。秋になると、ぼかし染めのように根元から枝先へと色づいていきます。

小紫の実が、白から紫へとグラデーションを描いています。まるで、秋の深まりが目に見えるようです。

十月五日

健やか

すこやか

古くは「すくよか」といったそうです。「よか」は接尾語。「すく」は、擬態語の「すくすく」からきているという説や、まっすぐという意味の「直(すぐ)」だという説がありま す。本来は、男性のがっしりした体つきをいう言葉だったそうですが、次第に身心が健全なことをあらわすようになりました。健康というだけでなく、穏やかに過ごす日々が目に浮かぶ言葉です。

天高く馬肥ゆる秋、よく食べ、よく動き、どうぞお健やかにお過ごしください。

十月六日

末生

うらなり

先端や枝先のことを「末(うら)」といいました。つまり、時期が遅くなって、伸びたつるの先の方にできた実が「末生」。反対に根元に近いところになる実のことは「元生(もとなり)」といいます。末生はつやがなく、味も落ちるので、顔色が青白く元気のない人のたとえにも使われてきました。夏目漱石の『坊っちゃん』でも、英語教師に「うらなり」というあだ名をつけていますね。

ゴーヤのうらなりが、忘れられたように秋風に吹かれていました。何だか夏の日が遠く感じられます。

十月七日

常磐山樝子

ときわさんざし

秋から冬にかけて、野山や街角を明るく彩ってくれるのが赤い実ですね。珊瑚樹（さんごじゅ）、南天（なんてん）、千両（せんりょう）、万両（まんりょう）、黒鉄黐（くろがねもち）……。「常磐山樝子」も、そのひとつ。「ピラカンサ」といった方が、ぴんとくるかもしれません。「ピラカンサ」は、橙（だいだい）色の実がなる「橘擬（たちばなもどき）」などを含めた総称です。明治の中頃、ヨーロッパから伝わりました。初夏には、白い小さな花をたくさん咲かせます。

常磐山樝子の赤い実が色づいてきました。色を失っていた庭が、ぱっと明るくなったようです。

十月八日

水鳥

みずどり

水辺で生活する鳥のことで、厳密な定義があるわけではありません。ただ、和歌などに歌われる「水鳥」は、鴨（かも）をさしました。鴨の多くは秋になると日本に渡ってきて冬を越す渡り鳥で、「冬鳥」と呼ばれます。雄が美しい色や特徴のある姿をしているのに対し、雌は地味で目立たないのも特徴。春までの間、仲よく泳いでいる姿が、さまざまな水辺で見られることでしょう。

秋爽の候、見るたびに水鳥たちの姿が増えて、寂しかった池がにぎわうようになりました。

十月九日

薄紅葉

うすもみじ

秋を彩る紅葉。その進み具合は気になるものですね。初めて色づくと「初紅葉」。うっすらと色づいた状態は「薄紅葉」。次第に、濃い色、薄い色が混ざり合ってくると「斑紅葉（むらもみじ）」と呼びます。「紅葉狩（もみじがり）」に行って色づきが悪いと、がっかりしがちな現代人。でも昔の人は、その折々の色合いを愛でてきたようです。「山粧う（よそお）」と形容される秋の山。薄紅葉は薄化粧ですね。

薄紅葉に彩られた街を吹き渡るさわやかな風。秋が深まりゆく今の季節が一番好きです。

十月十日

秋の声

あきのこえ

別に、何の音と決まっているわけではありませんが、秋の気配を感じようとする繊細な心で聞いた物音は、すべて「秋の声」といいます。それなら、どの季節にも「声」がありそうですが、季語に入っているのは秋の声だけ。たしかに秋は、静まりかえった夜でさえ、音にならない音、声にならない声を感じるような気がします。

秋の声を感じながら、編み物をするのが最近の日課になっています。胸によぎる思いも編み込まれていくみたいですね。

十月十一日

初冠雪
はつかんせつ

その年の夏が過ぎて初めて山頂付近に雪が積もることを「初冠雪」といいます。麓(ふもと)の気象台から目で見て観測するのだとか。標高や緯度が高いほど、初冠雪は早くなります。次々と山が綿帽子をかぶっていく時期ですね。

もう初冠雪の便りが届きました。朝晩冷え込む時期、くれぐれもあたたかくしてお休みください。

十月十二日

培う
つちかう

普通「培う」と書きますが、土で養(か)うという意味だそうです。本来は、根元に土をかぶせて草木を育てることをいいました。今では、こちらの意味よりも、精神的なものや体力など、目に見えないものを育成する場合に用います。植物と同じなのは、時間をかけないと育たないこと。心の中の小さな苗を養う気持ちで、根気強く育てていくことなのですね。

例年は食欲の秋でしたが、めっきり衰えを感じるようになりました。今年は、体力を培う秋にします。

十月十三日

枕虫
まくらむし

「さあ、眠ろう」と横になった時、野外で鳴いている虫の声が、すぐそばで鳴いているように聞こえたことはありませんか。枕元で鳴く虫のことを「枕虫」といいます。ですが、必ずしも実際に枕の近くに虫がいるということではないのでしょう。秋が深まるにつれて、虫たちは人家に近づいてくるようです。空気も冴えてきて、いっそう声が近くに聞こえるのでしょう。

秋の夜長もいつのまにやら夢の中。枕虫の子守唄を聞きながら、心地よい眠りにつくこの頃です。

十月十四日

木犀
もくせい

「木犀」は漢名で、樹皮が動物の犀(さい)に似ているからだといいます。納得できるようなできないような命名ですが、心地よい響きの名前ですね。木犀の仲間の中で、最もおなじみなのは金木犀。オレンジ色の小さな花が咲き出すと、芳香を漂わせ、たけなわの秋を感じさせてくれます。本来は銀木犀が木犀を代表する木だったそうです。花の色は白。香りも少し控えめです。

秋晴れの心地よい日が続きますね。木犀の香りに誘われて、つい遠まわりをする癖がついてしまいました。

十月十五日

眉月
まゆづき

本当の三日月は、旧暦三日の月のことです。ほかに、細く弧を描く月は「眉月」ともいいます。夜空に描かれた、ひとすじの眉……。やさしい月の眼差しを感じます。ただ、角度がどうしても眉を立てたり、逆さにしたりした形になってしまうのです。現代では、笑顔の口元に見立てる人も多いかもしれませんね。月の微笑みに見守られていると思うと、心が安らぎませんか。

夕方の西の空に、眉月がかかっていました。にっこり笑ったお月さま。明日もいいことありそうです。

十月十六日

奏でる
かなでる

主に楽器を演奏するときに使われることの言葉。古くは、舞いをまうことをいったそうです。語源も「肱出（かひないづ）」、または「肘撫（かひななづ）」が変化したものだとか。「かひな」は腕のこと。腕を出して振り上げるからでしょうか。今では、舞いや音楽に限らず、さまざまな情趣を表現する場合にも「奏でる」を使います。特に、季節の折々に大自然が奏でるメロディーは心地よいものですね。

人影のなくなった浜辺では、潮騒が秋のメロディーを奏でているようでした。

十月十七日

豊の秋

とよのあき

「出来秋」「成秋」「豊秋」「豊の秋」……。どれも、作物、特に稲がよく実った秋という意味の言葉です。なかでも「豊の」という言葉の響きからは、穏やかで満ち足りた喜びが伝わってくるようです。ほかにも、「豊の年」「豊の国」「豊の雪」……。何だか心の豊かさまであらわしているような気がしてきませんか。たしかに実りの秋は収穫物だけではありませんね。

味覚の秋と言いますが、昨夜は、おいしい新米とあたたかい鍋に舌鼓。豊の秋に感謝です。

十月十八日

野葡萄

のぶどう

白、黄、緑、紫、青、ピンクと、まるで絵の具で塗り分けたようなさまざまな色の実で、野山を彩る「野葡萄」。じつはこの美しい実、「虫瘤」と呼ばれるものです。野葡萄の実には、小さな虫が卵を産み、この中で成長するのだといいます。そのために、あんなにカラフルな色になるというのです。虫たちの色とりどりの夢が、表面にもあらわれ出ているのでしょうか。

野ぶどうのパステルカラーの実が野を彩る季節です。きれいな写真が撮れたので同封しますね。

十月十九日

蟋蟀

こおろぎ

「蟋蟀」の語源は、「コロコロ、ギィー」という鳴き声からきているといいます。とすると「閻魔蟋蟀（えんまこおろぎ）」のことでしょう。「綴（つづ）れ刺（さ）せ蟋蟀」のように「キキキキ」と鳴く蟋蟀もいます。昔、「きりぎりす」と呼ばれたのはこちら。鳴き声を「キリキリ」と聞いたのですね。現在では、どちらも蟋蟀の仲間になっていますが、昔は別の虫として聞き分けていたのかもしれません。

弱々しくなったエンマコオロギの声を聞くと、なんだかせつなくなってしまうこの頃です。

十月二十日

蓑虫

みのむし

「蓑虫」は、じつは蓑蛾（みのが）という蛾の幼虫。蓑に入ってぶら下がったまま冬を越します。春になると羽化して飛び立つのですが、それは雄だけ。雌は一生蓑の中にいて、じっと雄が来るのを待つのだそうです。昔は「ちちよ、ちちよ」と鳴くと思われていました。ですが、蓑虫は鳴きません。鐘叩（かねたたき）の声と間違ったのだろうといわれます。

たよりなげに風に揺れてる蓑虫を見つけました。あまり強い風が吹きませんように……。

十月二十一日

菊根性
きくこんじょう

ぱっと咲いて、潔く散っていく桜に比べて、菊は少しずつしおれていきます。なかなか散らずに、枯れ残っていたりすることも……。そこから、離れぎわの悪いことや未練がましいことを「菊根性」といいました。ですがいい換えれば、なかなかあきらめない性質、粘り強い性格ともいえそうです。そして、菊根性が大きな成果を生むことも多いようですね。

さわやかな菊日和。当分は、寒風にも耐える菊根性を愛で、あやかりたいと思いながら過ごす日々です。

十月二十二日

残菊
ざんぎく

中国の風習では、重陽の節句の翌日に、「小重陽（こちょうよう）」といって、再び宴を催したそうです。日本ではその代わりに「残菊の宴」が催されました。日取りは必ずしも決まってはいなかったようです。「残菊」は重陽の節句以降の菊のこと。必要な時に間に合わないことを「六日の菖蒲（あやめ）、十日の菊」などといいますが、長寿の象徴でもある菊。残菊こそ菊の本領を発揮した姿でしょう。

残菊の香る庭に、穏やかな陽だまりができています。ずいぶん秋も深まってきましたね。

十月二十三日

律の風

りつのかぜ

秋風のことです。邦楽の音階は、大きく呂音階と律音階に分けられます。呂の調べに比べると、律の方はどこか哀愁を帯びた感じです。秋風は古くから、せつなさや寂しさの象徴。そこで秋風のことを「律の風」と呼びました。昔の人は、秋の風に音楽を感じていたのですね。

秋風を、律の風とも言うそうですね。お琴をなさっていたあなたならいかが思われますか？　もの悲しいけど、澄みきったメロディーが聴こえてきそうです。

十月二十四日

思い寝覚

おもいねざめ

恋しい人を思いながら眠りについた経験はありませんか。それが「思い寝」。そして、思い寝をして目が覚めることを「思い寝覚」といいました。旧暦九月は、夜中に冷え込んで目覚めることが多いので「寝覚月（ねざめづき）」とも呼ばれます。たとえ思い寝覚であっても、素敵な夢の余韻が残っているといいですね。

朝晩冷え込むようになりました。夜中に目覚めることの多いこの頃、思い寝覚でもないのですが、まだ、その時の夢を覚えています。

十月二十五日

栗名月
くりめいげつ

昔は旧暦九月十三日にも「十三夜（後の名月）」の月見をしました。十三夜ですから、もう少しで満月になるという月です。「十五夜（中秋の名月）」とあわせて「二夜の月」。また、十五夜には芋を供えたので「芋名月」、一方、十三夜は栗や枝豆を供えたので「栗名月」「豆名月」とも呼びました。

今日は栗名月。これで、二夜の月を拝むことができました。いいことが起こりそうな予感がします。

十月二十六日

笑み栗
えみぐり

熟して毬が開いている栗のことを「笑み栗」といいます。「笑む」や「笑う」という言葉には、果実が熟して口が開くという意味もあります。笑み栗の「笑み」もそうですね。果実がぱっと割れた様子を、人の笑顔に見立てたのかもしれません。栗の実たちの笑み……。それがまた、たくさんの笑顔のもとになっていくのでしょう。

先日、栗拾いに行ってきました。笑み栗を見つけると、こちらも笑顔になりますね。別便で少しお送りしました。ご笑納ください。

十月二十七日

繙く

ひもとく

「繙く」は、書物の「帙（ちつ）」の紐（ひも）を解いて書物を読むということからできた言葉です。「帙」とは、いわば昔の保存ケース。奈良時代には細い竹製で、巻き物を包んで紐を結ぶ形でした。その後、箱形の「帙」ができましたが、こちらも紐で結ぶようになっています。ですから、そのまま「紐解く」とも書きました。その向こうに広がる世界に、わくわくしながら解く紐ですね。

私にとっては、心落ちつく秋。昔読んだ本をひもといて、感動を新たにしているところです。

十月二十八日

暮秋

ぼしゅう

晩秋のことを「暮秋」ともいいます。言葉の響きとしては晩秋の方がいいかもしれませんが、文字にあらわすと、秋の夕暮れの情景が重なるような気がします。「釣瓶落し（つるべおとし）」といわれるように、秋は日の暮れが早くなる頃。秋が深まるにつれて、釣瓶が落ちる速度も増していくようです。それが、秋の終わりのもの悲しさを、いっそうかきたてるのかもしれません。

秋の日は釣瓶落しの言葉通り、暮秋の空を渡っていく鳥影も、すぐに夕闇に溶けてしまいました。

十月二十九日

秋の蝶

あきのちょう

単に「蝶」といえば春の季語。ですが実際は、厳寒の時期以外は一年を通して見かけます。そこで歳時記では、「夏の蝶」、「秋の蝶」、「冬の蝶」という季語を設けています。特に秋の蝶は「老蝶（おいちょう）」、冬の蝶は「凍蝶（いてちょう）」とも呼ばれてきました。季節を背景に見る蝶には、それぞれ違った趣がありますね。秋風にあおられる落葉のように、舞い飛ぶ秋の蝶。生への必死の営みを感じます。

日増しに秋冷（しゅうれい）が加わる頃。漂うように飛ぶ秋の蝶を見るにつけ、感傷的になっています。

十月三十日

しめやか

しっとりと落ちついた感じ、ひっそりと静かな様子、しとやかな態度、しんみりと物悲しい雰囲気、しみじみと話す時など、さまざまな場合に使われてきた「しめやか」という言葉。「やか」は接尾語ですが、「しめ」の方は、「滲む（しむ）」から派生した「湿（しめ）」だという説や、「沈（しずめ）」「閉（しめ）」などの説があります。秋に感じるしめやかさは、どこからきているのでしょうね。

しめやかに降る秋の雨。「ひと雨一度」というように、雨が降る度に少しずつ寒くなるのでしょうね。

十月三十一日

灯火

とうか

「灯火」は灯(とも)したあかりのことです。韓愈(かんゆ)の漢詩の一節から、「灯火親しむ」は秋の季語にもなっています。秋は、あかりのそばで読書をしたり団欒(だんらん)をしたりして過ごす季節ということですね。とはいえ、灯火が照明に変わり、一年中照明に親しんでいるような現代。「灯火親しむ」も慣用句として使われる程度になってしまいました。昔の秋の情緒がしのばれます。

灯火親しむ候……。この言葉の響きが懐かしく、読書の秋を楽しんでいます。

column

ふみの楽しみ

カード

クリスマスカードやバースデーカードのように、封筒に入れたり、贈り物に添えたりして、カードを送る機会も多いことでしょう。さまざまな趣向のものがあって、選ぶだけでも楽しいものですね。もちろん手作りのカードも素敵です。

形式は自由ですし、ひと言だけでも格好がつきますが、相手が思わず微笑むような、気のきいたメッセージを送ることができれば最高です。コピーライターになったつもりで、知恵をひねってみてはいかがでしょうか。

column

手紙によく用いられる表現

健康や幸福を祈る言葉

用件を述べたあとは、末文といって、相手の健康や幸福を祈る文章で結ぶのが基本です。この時に、季節の言葉をそえることも多いかと思います。

手紙を書く時には、相手を目の前にしていないだけに、思い浮かべ、祈ることしかできません。だからこそ、祈りの言葉がたくさん使われるようになったのでしょう。

決まり文句以外にも、いろいろ考えられそうですね。

ご無理なさいませんよう、充分ご自愛ください。

気候不順の折柄、ご用心なさいますよう、切にお祈りしております。

くれぐれも御身おいといくださいませ。

時節柄、ご自愛ご専一（せんいつ）に（お身体大切に）。

みなさまのご健康を祈ってやみません。ご機嫌よくお過ごしくださいますよう。

末筆ながら、ご健勝（ご多幸、ご活躍、お幸せ）を心から祈っております。

素敵な毎日が続きますように……。

十一月

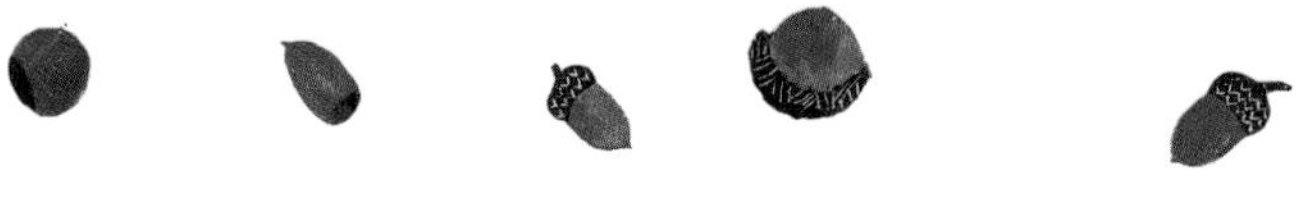

十一月一日

忘れ音
わすれね

秋も終わりに近づくにつれ、虫たちの数は減り、声も次第に細くなっていきます。すっかり静かになった夜に、か弱い虫の音が聞こえてくることがありますね。季節外れのその声を「忘れ音」といいます。忘れられたように残された虫の声だからか、忘れた頃に聞こえる声だからか、すぐに忘れられてしまう声だからか……。いずれにしても、心に沁み入る声です。

忘れ音に気が散って、とりとめもない手紙になってしまいました。乱文お許しください。

十一月二日

恙無い
つつがない

かつて多数の死者を出した恙虫病（つつがむしびょう）の媒介をする恙虫。この虫がいなければ、無事健康に暮らせるので、何事もなく、健やかにということを「恙無い」というようになった……というのは俗説で、差し障（さわ）りがないという意味の「障（つつみ）が無い」が変化したといわれます。ほかに「罪咎無し（つみつがなし）」が語源という説も有力です。聖徳太子が隋（ずい）へ送った国書にも使われていたそうです。

秋冷の候、すっかりご無沙汰してしまいましたが、つつがなくお過ごしでしょうか。

十一月三日

錦秋
きんしゅう

紅葉に彩られた秋のことを「錦秋」といいます。「錦（にしき）」は、さまざまな色糸を使って模様を織り出した美しい織物のこと。華麗なもの、豪華なものは錦にたとえられてきました。その代表が秋の紅葉でしょう。秋の山は「山粧（よそお）う」と形容されますが、山だけではありませんね。いたるところ、錦を飾った木々が誇らしげに輝く季節です。

文化の日は晴れの特異日だと聞いたので、紅葉狩りに行ってきました。晴天に映える山々の錦秋の装いもまた、見事な晴れ姿でした。

十一月四日

風葉
ふうよう

風に吹かれる草木の葉や、風に吹かれて散る木の葉を「風葉」といいます。昔の人は、運命に翻弄されるはかない人生を、風葉にたとえました。ですが、強い風にひるがえる木の葉たちは、必死で枝にしがみついているようです。実際、そう簡単には散りません。役目を終えてようやく散っていくのです。そして、散ることもまた、葉に与えられた役目なのです。

風葉に胸をいためながら、落葉にもの悲しさを感じているうちに、季節は移ろっていくようです。

十一月五日

照紅葉

てりもみじ

美しく照り輝く紅葉のことで「照葉（てりは）」ともいいます。「照る」はもともと太陽や月などが光を放つこと。そう思って見るからでしょうか。照らされているのではなく、自らの力で輝いているような気がしてきます。「もみじ」の語源は「揉み出ず（もみいず）」。色が揉み出してくるという意味です。内面からにじみ出てきたとりどりの色。それぞれの葉が、どれも味わい深い色あいです。

昨日の雨でいっきに冷え込みましたね。おかげで、山々は見事な照紅葉となっていることでしょう。

十一月六日

破れ芭蕉

やればしょう

「芭蕉」を英語でいうと「Japanese banana」。反対にバナナの和名は、「実芭蕉（みばしょう）」。なるほど、「芭蕉」とバナナはそっくりです。食べられませんが、バナナのような実もなります。大きな葉は、風にあおられるたびに裂け、破れていきます。晩秋ともなると、あわれな姿をさらすことになるわけですが、その姿さえ「破れ芭蕉」と呼ばれ、しみじみと眺められました。

すっかり秋も深まって、ぼろぼろの破れ芭蕉が、寂しく目立つ季節となりました。

十一月七日

風袋

かざぶくろ

風をつかさどる神である風神（ふうじん）が持っている袋のことです。雷を起こす雷神（らいじん）と、よく対（つい）で描かれますね。風神は、目をむいた青鬼の姿。だからといって「風袋」につまっているのは、冷たく、厳しい風ばかりではないようです。季節の花々を咲かせていくのも風の仕事。もちろん冬の到来を告げる木枯しを吹かせるのも風神です。

風の神様が風袋をぱっとひらいたのでしょうか。強烈な木枯しが吹き荒れた一日でしたね。どうかお風邪など召しませんように……。

十一月八日

帰り花

かえりばな

その花の季節でもないのに咲いた花のことで、「返り花」とも書きます。特に穏やかな小春日和が続く頃には、春や夏の花が咲いているのをよく見かけます。その姿は不思議と心に残るものです。「狂い花」「忘れ花」といっても意味は同じですが、それぞれニュアンスが違ってきますね。

木枯しの中、すみれの帰り花が咲いていました。ひと花咲かせたその心意気に負けてはいられませんね。

十一月九日

茶の花
ちゃのはな

茶室の床の間にいける花を「茶花（ちゃばな）」といいますが、お茶の葉を採る茶の木にも、この時期、花が咲きます。茶は、ツバキ科の植物。花も椿（つばき）や山茶花（さざんか）によく似た、白い花です。蘂（しべ）が大きなわりに花びらが小さく、うつむき加減に咲くので、はなやかさは控えめ。初冬の景色に溶け込むように、ひっそりと咲いています。まるで、わび、さびを心得ているかのようです。

山茶花が咲きこぼれるそばで、秋の終わりを告げるように、お茶の花が咲き始めました。

十一月十日

時雨空
しぐれぞら

降ったりやんだり、一定しない空模様のことです。また、時雨が降っている空のことも「時雨空」といいます。「時雨」は、晩秋から初冬にかけてぱらぱらと音をたてて通り過ぎるにわか雨のこと。歳時記では冬の季語になっています。今にも泣きそうな気持ちにもたとえられ、「時雨心地」ともいいました。なるほど、空が泣きべそをかいているようにも思えますね。

こちらは毎日、時雨空が続いています。明日はすっきりと晴れますように……。

十一月十一日

小春風

こはるかぜ

冬の初めには、よくぽかぽかとした春を思わせる日が訪れます。そんな天候を「小春」といいます。これから厳しい季節に向かうとは思えないほどのやさしい日差し。風も穏やかに吹いて「小春風」と呼ばれました。ほかにも、小春日和、小春日、小春空、小春凪（なぎ）……。これらの小さな春を心に抱きながら、やがて来る厳しい冬を乗り越えていくのですね。

今日は小春風が吹く穏やかな一日となりました。とはいえ、向寒の折柄、充分ご自愛ください。

十一月十二日

灯点し頃

ひともしごろ

灯りを点（とも）す時刻のことです。「夕暮れ時」「日暮れ時」といっても同じですが、薄暗い夕闇に、ひとつ、ふたつと灯りが点っていく情景が浮かんでくる言葉ですね。ひとつひとつの灯りの向こうに、見ず知らずの人々の暮らしがある。一生懸命、幸せの灯りを点そうとしている……。そう思うと、愛おしさがあふれてきます。そして、急に人恋しくなってきます。

ここ数日、急にひんやりしてきましたね。灯点し頃の人恋しさに、思わずペンをとりました。

十一月十三日

木漏れ日

こもれび

枝や葉の間から洩れてくる日差しは、季節によって印象が違います。木陰に宿った時の、初夏の木漏れ日の心地よさもさることながら、風も冷たくなり、葉も少なくなった頃の木漏れ日は、ほっとするあたたかさを感じさせてくれますね。初冬の穏やかな日差しを「小春日（こはるび）」といいますが、木漏れ日が作る陽だまりの中にも小さな春が揺れているようです。

街はまだ晩秋の装い。すっかり黄葉した銀杏並木を、木漏れ日を浴びながら通勤するこの頃です。

十一月十四日

石蕗の花

つわのはな

石蕗（つわぶき）のことを、略して「つわ」ともいいます。蕗（ふき）の葉に似た光沢のある葉。語源も、「艶葉蕗（つやはぶき）」が変化したといわれます。「石蕗の花」が咲くのはこの時期。明るい黄色の菊のような花で、寂しくなった庭を彩ってくれます。もともと海岸の岩場や崖（がけ）などに自生していたので「石蕗」と書くのだそうですが、地面をおおうような常緑の葉は、和風の庭によく似合います。

つわの花が咲く静かな昼下がり。立冬を過ぎたとは思えないうららかな一日です。

十一月十五日

千歳
ちとせ

「ひととせ、ふたとせ、みとせ」……。昔はこういって、年数や年齢を数えました。「とせ」は、「とし」が変化したものとも、「年経（としへ）」が変化したものともいわれます。「千歳」は千年のことですが、転じて、長い年月をあらわします。七五三（しちごさん）につきものの千歳飴（ちとせあめ）も、子どもがずっと無事で成長することを願ったものです。その思いもまた、千歳を超えて受け継がれるのでしょう。

七五三日和とでも言いたい今日。晴れ着を着て、千歳飴を持った子どもたちに心和まされる一日でした。

十一月十六日

百合鴎
ゆりかもめ

古くは「都鳥」と呼ばれた「百合鴎」。語源説はさまざまで、漢字も当て字ですが、白い百合鴎が群れている様子は、白百合が群生しているよう。寒くなると、遠い北の国から、身近な水辺に渡ってきます。

今年も、百合鴎が寒さを連れてやってきました。時節がら、お身体大切になさってください。

十一月十七日

初霜
はつしも

その年の秋から冬にかけて、最初に降りた霜を「初霜」といいます。歳時記では冬の季語です。それにしても、星霜(せいそう)、歳霜(さいそう)、露霜(つゆしも)……。どれも歳月をあらわす言葉です。また「幾霜(いくしも)」といえば何年もの歳月という意味になります。農作物に大きな被害をもたらす霜。その霜で昔の人は、一年がめぐってきたことを感じたのですね。初霜も感慨深く眺めたことでしょう。

初霜の便りが届くようになりました。こちらではまだまだですが、さすがに冬の到来を感じます。

十一月十八日

桂
かつら

月には「桂」の大木が生えているという伝説があります。中国から伝わり、日本でも月のことを、「月の桂」「桂の影」などと呼ぶようになりました。この桂は木犀(もくせい)をさすそうですが、日本では、古来、神聖な木とされ、抹香(まっこう)の原料にする桂の木だと思ったようです。葉はまあるいハート形。秋になると美しく黄葉し、なんとも香ばしい甘い香りを漂わせます。

桂のきれいな落葉を見つけたので、同封しますね。キャラメルのような甘い香り、届くでしょうか。

十一月十九日

炬燵開き

こたつびらき

昔は、年だけでなく月日にも十二支をあてはめていました。旧暦十月は亥の月。五行思想では、亥は水にあたります。そこで、亥の月の一日や亥の日に「炉開き」(囲炉裏を使い始めること)をすると火事を防ぐといわれました。茶の湯でも、これにならい、掘り炬燵ができると「炬燵開き」も炉開きにならったといいます。早く寒気が来た冬などは、待ち遠しかったことでしょう。

急な寒暖の変化にとまどうばかりですね。我が家では、今日が炬燵開きとなりました。

十一月二十日

冬麗

ふゆうらら

「麗」は、「春麗」という形で用いることが多いと思いますが、単に「麗」だけでも春の季語です。とはいえ冬にも、冬なりの麗らかな日がありますね。そんな場合は「冬麗」。ほかに「冬日和」「冬晴れ」などという言葉もありますが、やさしく包んでくれるような響きは、冬麗に及びません。冬の日光は「愛日」とも呼ばれます。麗らかな冬の日は、愛おしさも格別です。

今日はまさに冬うらら。存分にありがたい日差しを味わいました。穏やかな日が続くといいですね。

十一月二十一日

十日夜

とおかんや

東日本では、旧暦十月十日に「十日夜」、西日本では十月亥の日に「亥の子(いのこ)」という行事が行われました。どちらも稲刈りがすっかり終わった時期。この夜、山へ帰っていく田んぼの神様を見送る行事という点でも共通しています。そして、新穀(しんこく)で作った「亥の子餅」を食べたそうです。そういえば、十日の月は、ほっそりとした瓜型。猪(いのしし)の子の「瓜坊(うりぼう)」によく似た形です。

朝晩、肌寒さを覚えるようになりました。十日夜の月が、冴えわたった空に浮かんでいます。

十一月二十二日

御神酒徳利

おみきどっくり

「御神酒(おみき)」をお供えする時に用いる一対の徳利のことです。常に同じ形をした徳利がふたつ並んで置かれているので、いつもいっしょにいる仲のいいふたりにたとえられます。微笑ましい姿を、冷やかし半分にいう言葉なので、目上の人には使えませんが、こんなカップル、まわりにいませんか。

今日は「いい夫婦の日」だと聞いて、御神酒徳利のおふたりの姿が目に浮かびました。おふたりに乾杯！

十一月二十三日

働く

はたらく

もともと「はたらく」は、体を動かすとか行動するという意味でした。そこから派生して、仕事をするという意味が生まれたそうです。しかも「働」という字は、日本人が作った国字だとか。人が動くことが働く……。働き者の日本人らしい字ですね。作用を及ぼすことも「働く」といいます。人が動けば何かが起こる。たとえ小さなことでも何かが変わるのですね。

手がかじかむようになってきました。でもお手紙書き終えたら、もうひと働きします。それでは……。

十一月二十四日

黄落

こうらく

木の葉や果実が、黄色く色づいて、落ちていくことを「黄落」といいます。こう聞いて、真っ先に思い浮かぶのが、銀杏（いちょう）ではないでしょうか。葉の形が鴨（かも）の足に似ているので「鴨脚樹（いちょう）」とも書きます。与謝野晶子が歌に詠んだように、金色の小さな鳥のようにも見えますね。「銀杏落葉（いちょうおちば）」が風に舞ったり、道に散り敷いたりする情景も、この季節ならではです。

- 黄落しきりの今日この頃～
- 銀杏落葉が、街を華やかに彩る季節となりました。

十一月二十五日

茜色

あかねいろ

根が赤いので「アカネ」という名がついた植物があります。その根で染めた色が「茜色」。最古の染料のひとつだそうですが、私たちが茜色と聞いて思い浮かべるのは、夕焼けの色ですね。夏茜、秋茜は蜻蛉（とんぼ）の種類ですが、「春茜」「冬茜」といえば、それぞれ春、冬の夕焼けのことです。とりわけ、冬の夕空を染める茜色は、すぐに闇に溶けてしまうのに、鮮やかに心に残ります。

窓の向こうの寒々とした空に、夕焼けが広がっています。冬は茜色が格別に心にしみる季節ですね。

十一月二十六日

月並

つきなみ

本来の「月並」は、毎月とか、月ごとにという意味です。ですから、定期的に催される和歌や俳句の会は「月並の会（え）」、略して「月並」と呼ばれました。やがて明治になって、正岡子規が俳句革新運動を起こし、伝統的な旧派の俳句を「月並俳句」といって激しく批判しました。そこから「月並」は、平凡で新鮮味のないものをさす言葉になったのだそうです。

月並ですが、ダイエットを始めました。秋に食べ過ぎた分なんとかしなくちゃ。

十一月二十七日

冬めく

ふゆめく

「めく」は、そのような状態になる、または、似た様子になるという意味を示す接尾語で、「見えく」が変化したといわれます。色めく、冗談めく、謎めく、古めく、ほのめく、うめく、わめく、ゆらめく、きらめく……。あげればきりがありません。春夏秋冬、それぞれにもついて、その季節らしくなってきたことをあらわします。どの季節でもよく使われる便利な言葉ですね。

このところ、めっきり冬めいてまいりました。どうぞあたたかくしてお過ごしください。

十一月二十八日

南京黄櫨

なんきんはぜ

「黄櫨（はぜ）」とついていますが、黄櫨の木はウルシ科の植物、「南京黄櫨」の方はトウダイグサ科です。たしかに黄櫨の葉は細く、南京黄櫨はまるい雫（しずく）形をしていて、全く違います。ただ、どちらも真っ赤に紅葉する点では同じ。その美しさ、鮮やかさは、楓（かえで）にも劣りません。しかも、南京黄櫨の場合は、葉が散ったあとに真っ白な実が残って、まるで花が咲いているようです。

見事な紅葉から、花が咲いたような白い実へ、南京はぜといっしょに季節の移ろいを楽しんでいます。

十一月二十九日

散紅葉

ちりもみじ

紅葉がしきりに散る光景は、一種の壮絶ささえ感じる時があります。歳時記では冬の季語。まだ散り残っている紅葉の方は、「冬紅葉」「残る紅葉」といいます。

- 散紅葉がしきりに秋の名残を奏でているようです。
- 先月ご一緒したあの山でも、散紅葉が舞っていることでしょう。

十一月三十日

落葉舟

おちばぶね

はらはらと舞い落ちる葉っぱたち……。水面に落ちれば、今度は小さな舟のようにたゆたいます。ちょうどこの季節、色とりどりの「落葉舟」が見られることでしょう。「木(こ)の葉舟」ともいいますし、紅葉した落ち葉を筏(いかだ)に見立てて「紅葉(もみじ)の筏」ともいいます。紅葉の筏が流れていく川は「紅葉(もみじ)川(がわ)」。さまざまな色や形の落葉を浮かべる流れが、そのまま時の流れに見えてきます。

この頃よく、一緒に行った紅葉狩りを思い出します。落葉舟には秋の思い出が乗っているのでしょうか。

十二月

十二月一日

師走日和

しわすびより

「しはす（しわす）」は古くから用いられてきた月名ですが、漢字の「師走」は後世の当て字。ですから語源も、師が走るのではなく、「し果つ」や「年果つ（としはつ）」が変化したという説が有力です。本来は旧暦十二月の異称ですが、物事をし終える月、年が終わる月とすると現在の十二月にもあてはまりますね。師走の穏やかな晴天が「師走日和」。忙しい年末には、ありがたい日和です。

いよいよ最後の月となりました。できることなら、今日のような師走日和が続きますように……。

十二月二日

結晶

けっしょう

「晶」という漢字は、三つの星を描いた象形文字だそうです。そこから、きらきらと輝く、明らか、という意味をあらわしているといいます。「晶」を結ぶと書いて「結晶」……。真っ先に思い浮かべるのは、雪でしょうか、それとも原子や分子などでしょうか。ですが人も、愛や夢や努力などのきらきら輝くもので、たくさんの結晶を作り出していますね。

今日、風花が舞いました。すぐ消えてしまいますが、きっと小さな結晶を結んでいるのでしょうね。

十二月三日

紅葉筵

もみじむしろ

今なら紅葉の絨緞(じゅうたん)と呼ぶところでしょうけど、絨緞になじみのない時代、敷物といえば筵(むしろ)。そこで、一面に紅葉が散り敷いた情景を「紅葉筵」と呼びました。筵は藁(わら)や藺草(いぐさ)などを編んで作ります。それに比べると紅葉筵のなんと美しいことでしょう。しかも踏んで歩けるなんて、この時期ならではの贅沢かもしれません。ふんわりとした感触は最高級の絨緞にも勝るようです。

お寺の庭は一面の紅葉筵。そこをサクサクと音を立てながら歩く気分は最高でした。

十二月四日

酒林

さかばやし

酒屋の前に吊るしてある大きな丸い杉玉を「酒林」「酒箒(さかぼうき)」「酒旗(さかばた)」などといいます。酒の神ともいわれる奈良の大神神社(おおみわじんじゃ)のご神木は杉だから。新酒ができると、新しい酒林に変えて合図にするのだそうです。

造り酒屋に、みずみずしい緑色の新しい酒林が吊るされていました。いよいよ新酒の季節ですね。

十二月五日

犬招き

いぬまねき

「鞘巻」と呼ばれる腰刀の先端には、革紐を結んでいました。その結び余りの十センチほど垂らした部分を「犬招き」と呼んだそうです。なるほど、いかにも犬が喜んでじゃれついてきそうですね。それ以外にも、垂れさがったり、ひらひらしているものは、犬招きと呼びました。猫も喜びそうですが、「猫招き」という言葉はありません。猫といえば「招き猫」ですものね。

我が家の愛犬は、雪が降ると大喜び。何でも犬招きになるみたいで、じゃれついて跳ねまわっています。

十二月六日

冬薔薇

ふゆそうび

「ばら」は、「茨(うばら)」が変化した言葉で、刺のある木の総称でした。日本に薔薇が伝わったのは、意外と古く、平安時代には、漢名を音読みした「そうび」という名で呼ばれていたようです。「冬薔薇」は、冬に咲いている薔薇のことで、特定の品種をさしているわけではありません。季節はずれの、冷たい風の中で咲く花の美しさが、いつまでも心に残ります。

冬薔薇に降りかかる冷たい雨が、ひとしお身にしみて感じられます。明日は晴れますように……。

十二月七日

詠雪の才

えいせつのさい

直訳すれば、雪を詠む才能ということですが、文才のある女性を讃える時に使われます。謝道蘊（しゃどうおん）という女性が、急に降り出した雪を、即座に風に舞い立つ柳絮（りゅうじょ）にたとえた故事に由来します。柳絮は、白い綿毛のついた柳の種子のこと。日本の柳はほとんど雄株なのであまり見る機会はありませんが、中国では春の風物詩だそうです。さて、あなたなら雪をどう表現しますか。

> 雪の便りをありがとうございます。まさに詠雪の才！　美しい雪景色が目に浮かんできました。

十二月八日

枯野見

かれのみ

昔は、花見、月見、雪見、梅見、蛍見、蓮見、菊見……。そしてなんと「枯野見」までしたというのです。「冬枯見（ふゆがれみ）」ともいい、お天気のいい日などに郊外まで枯野の景色を見に行ったといいます。枯野見の名所まであったそうですから驚きです。そう思って枯野に目をやると、たしかに美しさを感じます。もしかしたら、身近に枯野見の名所が見つかるかもしれませんね。

> 冬枯れの道も、枯野見なんて思いながら歩けば、味わい深いものですね。冬の楽しみが増えました。

十二月九日

堂々

どうどう

「堂」は土の上に建てられた高い建物をあらわす漢字です。本来は公の仕事を行う場所をさしました。その堂が建ち並ぶ様子が「堂々」です。その後日本では、僧侶がお経を唱えながら堂を廻り歩く儀式を「堂々廻り」というようになります。僧侶たちは、堂々廻りによって仏様に出会えるのだとか。ただ体を動かさず議論だけ繰り返しても進展はないのかもしれませんね。

寒さでつい背中が丸くなりがちですが、寒風の中、堂々と立っている裸木を見ると、背筋が伸びます。

十二月十日

龍の玉

りゅうのたま

細い葉を、大蛇の鬚に見立てて「蛇の鬚」、「龍の鬚」と名づけられた植物があります。冬にできる瑠璃色の小さな実は「龍の玉」とも呼ばれてきました。すべての願いをかなえてくれるという伝説を持つ、龍王の宝珠になぞらえたのかもしれません。実を地面に投げつけると、ポーンと弾みます。そこから「弾み玉」とも呼ばれ、昔の子どもたちの遊び道具でした。

龍の玉を見つけました。これを見つけると冬本番です。玉というより、寒がりな龍の涙かも……。

十二月十一日

枯木星

かれきぼし

枯木の枝越しに見る星のことです。すっかり葉を落としてしまった木々の枝が、冬の星の寒々しさをいっそう引き立てているよう……。逆に、枯れ枝があるからこそ、心にあたたかく映るのかもしれません。

窓から見える枯木星を眺めてから眠るのが、この頃の日課です。明日もいいことがありますように……。

十二月十二日

山眠る

やまねむる

冬の山は「山眠る」と形容されます。ちなみに、春は「山笑う」、夏は「山滴（したた）る」、秋は「山粧（よそお）う」。漢籍に由来する言葉ですが、季語にも採用されています。眠るといっても、もちろんのどかな安眠ではなく、息をひそめて静まりかえっている風情です。でもその懐には、冬眠中の動物たちが穏やかに眠っていることでしょう。そう思うと、冬の山が一段と大きく見えてきます。

山眠る季節。朝の冷え込みも厳しさを増し、私も冬眠したいと思ってしまうこの頃です。

十二月十三日

冬菜

ふゆな

冬に出回る葉物野菜を総称して「冬菜」といいます。白菜（はくさい）、水菜（みずな）、小松菜……。今では、大根や人参、蕪（かぶ）なども含めて「冬野菜」ということが多いようですね。ですが「冬菜」というやさしい響きからは、寒い季節に耐えて育った葉のやわらかさが連想されるようです。特に昔は、冬は野菜が少なくなる時期。ありがたいという気持ちをこめて使ったことでしょう。

今夜の献立は、冬菜をたっぷり使った鍋。身も心もあたたまろうと思っています。

十二月十四日

華やか

はなやか

「はなやか」は、「花」に接尾語「やか」がついてできた言葉です。花が咲いたように、ぱっと目を引く明るさ、美しさをいったものですが、実際に使う時は、本物の花よりもずっと派手な場合に使うことが多いのではないでしょうか。たとえば、十二月の街のイルミネーションは、冬の夜に突然咲いた人工の花。年々、華やかさを増していくようです。

街が、一年で一番華やかに装う季節になりました。きっと、お忙しくしておられることと思います。

十二月十五日

巷
ちまた

「ちまた」は、「道股（みちまた）」が変化したものだといいます。道がいくつかに分かれているところ、つまり、分かれ道や辻と同じように使われていたということです。やがて、世間という意味でも使われるようになりました。たくさんの分かれ道でできているのが、この世の中ということでしょう。私たちは、そんな無数の道を選びながら歩き続けているのですね。

ちまたでは、もうクリスマスムード一色ですね。にぎわう街を横目に通勤するこの頃です。

十二月十六日

蝶々雲
ちょうちょうぐも

蝶のような形をしたちぎれ雲のことで、歳時記では冬の季語になっています。冬の蝶は「凍（い）て蝶」と呼ばれ、あわれを誘いますが、蝶々雲の方は、澄み渡った青空に気持ちよく浮かんでいるように見えます。ところが、この雲があらわれると天候が崩れる可能性が高いそうです。雨を教えてくれる親切な蝶といえますね。

青空に蝶々雲が浮かんでいるのを見て、半信半疑で洗濯物を取り込みました。でも、これで安心してお便りできます。

十二月十七日

初氷

はつごおり

その冬、初めて張った氷を「初氷」といいます。水面にうっすらと氷が張っているのを見つけた時の身のすくむような思い。本格的な寒さの到来を実感する瞬間ですね。反対に、最後の氷は「終氷（しゅうひょう）」。「しまいごおり」とも読みます。どちらも薄い氷ですが、終氷の方は、「薄氷（うすらひ）」とも呼ばれる春先の氷でしょう。こちらは名残雪（なごりゆき）のような感慨がこもります。

今日は公園の池に、初氷が張っていました。いよいよ冬本番。お風邪など召されぬようご用心ください。

十二月十八日

微酔機嫌

ほろよいきげん

「ほろ」は、少しとか、何となくという意味を添える接頭語。ほろ苦い、ほろ甘いなどの「ほろ」も同じです。少しお酒を飲んで、いい気持ちになっている状態が「微酔機嫌」。ほかに「一杯機嫌」とか「小半（こなから）機嫌」ともいいました。「小半」は、一升（いっしょう）の四分の一の二合半（にごうはん）のことです。微酔いをあらわす言葉は、言葉そのものも心地よい響きを持っていますね。

さっき忘年会から帰ってきました。ちょっぴりほろ酔い機嫌で書いています。失礼の段どうかお許しを。

十二月十九日

てんやわんや

「てんやわんや」は、「てんでん」と「わや」が、ひとつになった言葉といわれます。「てんでん」は、「手に手に」が変化したもので、各自が勝手にという意味で使われるようになりました。「わや」の語源は、「枉惑(おうわく)」といわれ、無茶苦茶(むちゃくちゃ)なことをいいます。てんやわんやの年の瀬の街。でも、じつは大きな時の流れを、同じ方向を目指して動いているのかもしれませんね。

我が家の年の瀬は相変わらずてんやわんやです。とはいえ、みんな元気にしておりますのでご安心を。

十二月二十日

雪模様
ゆきもよう

この場合の「模様」は「催(もよい)」が変化した言葉で、今にも降りそうな空模様のことですが、漢語の「模様」と混同されてしまったようです。思えばこの時期、クリスマス、年末年始と、雪が最も似合う季節といえるかもしれません。さまざまな思い出をロマンチックに演出してくれる雪。灰色の空から、雪の花が舞い降りてこないかなと、つい雪待ち顔になってしまいます。

先ほどから空は雪模様。手紙を出しに行く頃には、雪が舞い出すかもしれません。

十二月二十一日

南瓜（かぼちゃ）

「南瓜」は、室町時代に日本に伝えられたそうです。カンボジアから渡来したとされ、それがなまって「かぼちゃ」になったといわれます。歳時記では、秋の季語。冬至に食べる風習が広まったのは、江戸時代になってからです。ほかにも、冬至には、蒟蒻（こんにゃく）、餅（もち）、小豆粥（あずきがゆ）などを食べる風習がありました。風邪予防には、ビタミン豊富な南瓜が一番効果がありそうですね。

冬至に食べるために、南瓜を買ってきました。風邪がはやっているようですね。くれぐれもご用心を。

十二月二十二日

寒影（かんえい）

寒々とした、影や月光のことを「寒影」といいます。木立も建物も、長い影を落とす冬。寒さだけでなく、寂しさまでかきたてるようです。とはいえ、子どもの頃に比べると、影の存在にすら気をとめなくなったのではないでしょうか。もしかしたら影の方が、寂しく思っているかもしれませんね。

冬至の長く伸びた寒影に、いっそう寒さがつのりました。今夜は柚子湯に入って温まろうと思っています。

十二月二十三日

雪化粧
ゆきげしょう

「冬化粧」ともいいます。昔の化粧は白粉（おしろい）で白く塗ることが中心でした。本来は、儀式や祭礼の際に、特別な日であることを示し、神の心をやわらげるためのものだったそうです。一面に積もった真っ白な雪景色は神聖そのもの。そんな光景を目にした日は、私たちにとっても、特別で心和む一日になりそうです。

朝起きてみると、街はすっかり雪化粧していました。一面の白い世界にうっとりしています。そちらはいかがでしょう。

十二月二十四日

贈り物
おくりもの

「贈る」と「送る」は同語源。ですから、「贈り物」は「送り物」。直接渡さず人に託して届けることが多かったのでこういうようになったようです。英語の present の本来の意味は、目の前に存在すること。「今」という意味でも使われますね。目の前に出して直接手渡したことから、贈り物のこともさすようになったとか。習慣の違いが感じられて興味深いですね。

クリスマスカード、今日届きました。思いがけない贈り物をもらった気分です。ありがとう！

十二月二十五日

雪達磨

ゆきだるま

「雪達磨」の達磨は、中国禅宗の始祖・達磨大師のことです。少林寺で、壁に向かって九年間座禅をし、悟りを開いたとか。その姿をうつした人形はおなじみですね。昔からあった「起上り小法師（おきあがりこぼし）」と結びついて、倒れてもすぐに起き上がるようにできています。江戸時代の雪達磨は、達磨人形そっくりだったようです。今とは、ずいぶんイメージが違っていたのですね。

久しぶりに雪が積もった今朝、かわいい雪だるまがあちこちに出来ていて、通勤を見送ってくれました。

十二月二十六日

片付け

かたづけ

もともと「片付く」とは、漢字の通り、片方に寄ることでした。昔は、片方に寄せるだけで、充分に整理がついたのかもしれません。物があふれる時代になって、だんだん、処分するという意味合いも加わってきたようです。また、決まりがつく、処理が終わるという意味の「方（かた）がつく」という言葉にも引かれたのでしょう。片付け上手は、お掃除上手ともいえますね。

大掃除の前に、大片付けが必要な私。泣いても笑ってもあと数日、無事お正月を迎えられるでしょうか。

十二月二十七日

数え日

かぞえび

年の暮れになって、指で数えられるほどに残り少なくなった時期のことを「数え日」といいます。年末のことを「年の瀬」ともいいますね。「瀬」は、川の流れがはやくなっているところ。中でも数え日は、ひときわ急流といえるでしょう。といっても、これは大人だけなのかもしれません。子どもの頃は、指折り数えてなかなか来ないお正月を待つ日々だったような気がします。

今年もいろんなことがありましたね。私にとって数え日は、思い出を指折り数える時期とも言えます。

十二月二十八日

年の湊

としのみなと

一年の終わりをあらわす言葉はたくさんあります。年の暮、年の関（せき）、年の奥、年の瀬、年の岸、年の坂、年の峠、年の梢（こずえ）、そして、年の行き着くところという意味で「年の湊」。どんな過ごし方をするかによって、年末をどう感じられるかが変わってくるのでしょう。行き着くところととらえるなら、時間は舟。年の湊は、新たな希望を、積み込む場所でもあるのでしょう。

年末は「年の湊」とも言うそうです。希望をいっぱい積み込んで、どうぞよい年をお迎えください。

十二月二十九日

藪柑子

やぶこうじ

藪の中に生え、葉や実が柑子(ミカンの一種)に似ているからということで、この名がついたそうです。とはいえ、その実は真っ赤で小さく、ミカンらしくはありません。常緑の葉と美しい実が愛でられ、古くからお正月の飾りに用いられてきました。「万両」「千両」などの赤い実のなる木と比較して、「十両」とも呼ばれます。

穏やかな新年を迎えたくて、千両、万両よりも控えめな藪柑子をお正月のお花に選びました。

十二月三十日

大詰め

おおづめ

歌舞伎からきた言葉です。江戸歌舞伎の興行では、一番目狂言(最初の芝居)の最後の幕を「大詰め」といいました。やがて演劇全般でも、最終幕のことを「大詰め」というようになり、転じて、物事の終わりの段階をさすようになったということです。大詰めときくと後がないような焦燥感を覚えますが、本来は、二番目狂言、三番目狂言と続きます。まだ次があったのですね。

今年もいよいよ大詰めとなりました。新しい年の幕開けを期待しつつ、ペンを置きたいと思います。

十二月三十一日

除夜

じょや

旧年を払い除いて、新年を迎える夜なので「除夜」。同じ理由で、十二月は「除月（じょげつ）」、十二月三十一日を「除日（じょじつ）」といいます。除夜を境に、心をリセットして新しい年に向かってきた私たち。積み重なっていく歳月に節目を設け、新鮮な気持ちで一歩を踏み出してきました。除かれた時間は、もちろん消えていくわけではありません。前へ進むエネルギーとなるのですね。

今年は万感の思いで除夜の鐘を聞くことになるでしょう。新年はよい年になりますように……。

column

ふみの楽しみ

葉書（はがき）

手紙に比べると、気軽に出すことができるのが葉書。官製葉書から絵葉書まで種類も豊富ですし、用途もバラエティーに富んでいます。年賀状やお礼状、結婚や引っ越し、喪中などのお知らせ、暑中見舞いや寒中見舞いなど、まだまだ出す機会は多いのではないでしょうか。

封書との大きな違いは、人の目に触れるということ。それだけに、内容には配慮が必要ですね。

特に用がなくても、旅便りや季節便りなど、思いがけず舞い込む葉書は、とてもうれしいものです。

頭語と結語

正式な手紙の冒頭には「拝啓」などの頭語を、末文のあとには「敬具」などの結語をつけます。

形式が整っていても心がこもらない手紙よりは、整っていなくても心のこもった手紙の方がずっとうれしいと思うのですが、改まった手紙や目上の人へ送る場合には心得ておきたいことですね。考えようによっては、形にあてはめるだけで通用するのですから、心強い味方といえるかもしれません。

頭語 「拝啓」…謹んで申し上げます

結語 「敬具」…敬いしたためます

「拝啓――敬具」（より丁寧な場合は「謹啓――敬白、または謹言」）のような組み合わせは、大正時代頃から定着した形で、明治の文豪たちは、自由な組み合わせで使っていました。じつは「拝啓」も、結語としても使われていた言葉だそうです。

頭語 「前略」「冠省」「前文お許しください」など、前文を省略した場合

結語 「草々」…取り急ぎ

「早々」「匆々」とも書き、走り書きを詫びる気持ちを添えます。（P211「三月十五日」参照）

結語 「不一」…まだ充分に意を尽くせません

「不乙」とも書きます。「草々不一」とすると、丁寧になります。

一月

一月一日

初暦

はつごよみ

新年になって初めて暦を用いることや、その暦のことを「初暦」といいます。暦が、カレンダーや手帳に置き換わっても、最初の頁（ページ）をめくる時の引き締まった思いは同じですね。「暦」の語源は「日（か）読み」だといいます。「読む」は、数えるという意味でした。今日からまた三百六十五日を数える間に、さまざまなことが記されていくのでしょう。たくさんの思い出といっしょに。

いよいよ新しい年の幕開けですね。初暦に、最初の一文字を書く時は、毎年緊張する私です。

一月二日

豊の雪

とよのゆき

豊年の兆しとして降る雪のことです。昔から、雪の多い年は豊作だといわれ、元日、または三が日に降る雪は、「富正月（とみしょうがつ）」と呼ばれました。「豊（とよ）」はもちろん、豊かなこと、満ち足りていることをあらわす言葉です。「豊の年」といえば、豊作の年。「豊の秋」といえば、実り多い秋……。その語感のせいでしょうか。心の中まで、やさしく満ちていくような響きがありますね。

雪のお正月となりました。心の中にも豊かな実りを導く、豊の雪となってくれますように……。

一月三日

笑い初め

わらいぞめ

「初める」は、「染める」と同語源ではないかといわれます。毎日を笑顔で染めていくことができれば、すばらしい一年になりそうですね。「初笑い」といっても同じ。ほかに、「初笑顔（はつえがお）」「初靨（はつえくぼ）」なども新年の季語です。別に大笑いしなくても、新しい年を迎える最初の表情は、やはり笑顔がふさわしいといえますね。

正月早々、頓珍漢（とんちんかん）ばかりで、笑い初めと言いますか、笑われ初めと言いますか……。どちらにしても、笑顔でスタートがきれました。

一月四日

絵馬

えま

もとは、生きた馬を社寺に奉納していました。平安時代頃から絵に描いた馬で代用するようになります。これが「絵馬」の始まりです。神の乗り物と信じられた馬。願いを天に運んでくれると思ったのでしょう。

たくさんの絵馬が、新春の風に揺れていました。どの願いもかないますように……。

一月五日

初日（しょにち）

「初日」は、幾通りにも読める漢字です。「はつひ」と読めば、初日の出のこと。「はつび」は、「しょにち」と同じで、物事が始まる第一日目のこと。「しょじつ」は、「最初の日」と「朝日」、両方の意味を持っているようです。初日の出を拝む時の敬虔（けいけん）な気持ちは、第一日目を迎える日の心の持ちようにも重なります。初日（しょにち）は、心にそれぞれの初日（はつひ）がのぼる日なのでしょう。

初日はいかがでしたか。私は、正月気分が抜けきれず……。気持ちを引き締め直しているところです。

一月六日

御神籤（おみくじ）

「籤（くじ）」は、当人の力が直接反映しないような方法で、神意をうかがったことが始まりです。「籤」に、「み」がついて「みくじ」。さらに、「お」がついて「おみくじ」……。敬意をあらわす接頭語がふたつも重なっているのです。こうなったのも、いい籤をひかせてほしいとお願いする思いからでしょうか。

今年は早々に、みんなで初詣に繰り出して、おみくじに一喜一憂する子どもたちを微笑ましく眺めておりました。

一月七日

松の内

まつのうち

門松は、一般には元日から一月七日まで飾ることになっています。ですが関西では十五日までですし、地方によっても異なるようです。「松の内」は門松を立てている期間のこと。それを過ぎると「松過ぎ」といいます。近頃は、門松を飾る家もずいぶん少なくなりました。その分、松の内の雰囲気も薄れていくようですね。

こちらは、松も過ぎないうちに慌ただしい日常に戻ってしまいました。松の内ぐらいはゆっくりと過ごせたらなあといつも思います。

一月八日

初昔

はつむかし

年が明けると、そこを境として、旧年と新年に分けられます。つい先日、いえ数時間前だとしても、なんだか遠く過ぎ去った日々のような気がすることはありませんか。そんな気分にぴったりなのが「初昔」という言葉かもしれません。古くは、少し前でも「昔」といいました。ですから、新年になると、前年のことを「初昔」といったのですね。

よい年を迎えられましたか。久しぶりで会えたことも、もう初昔。今年は何度も会えますように……。

一月九日

寒の内

かんのうち

二十四節気の小寒、大寒の期間を「寒」と呼びます。小寒の一日目は「寒の入り」、寒の期間中は「寒の内」「寒中」、寒の時期が終わることは「寒明け」。一年で最も寒さの厳しい時期ですが、寒卵、寒鰤（ぶり）、寒蜆（しじみ）、寒海苔（のり）、寒餅など、昔から、この時期に得られたものや作られたものは、滋養がある、おいしい、品質がいいなどといわれ、行った稽古（けいこ）も身につくとされてきました。

寒の内ともなると、さすがに風の冷たさが違ってきますね。くれぐれもあたたかくしてお過ごしください。

一月十日

恵比寿紙

えびすがみ

昔は本の角が折れ込んでいる時がよくありました。広げてみると、そこだけ三角形に飛び出します。それを「恵比寿紙」、または「福紙」といいます。恵比寿神の頭巾（ずきん）の形に似ているからなどさまざまな説がありますが、いわば不良品ともいえる恵比寿紙を縁起がいいと喜んだそうです。このおおらかさが招福の秘訣でしょうね。

関西は十日戎（とおかえびす）でにぎわう季節。商売繁盛のおまじないに、便箋の端を恵比寿紙にしてみました。

一月十一日

艶やか

あでやか

身分や家柄などが高いことをあらわす「貴（あて）」に、接尾語がついてできた「貴（あて）やか」という言葉は、内面も含めた上品な優美さのことでした。それが変化して「あでやか」になると、身分や家柄とは無関係になり、外見の美を形容する言葉に変わってきました。今では、ぱっと目をひくような華やかな美しさをいう場合に使われます。でも、心の美しさも忘れたくないですね。

艶やかな着物姿が目立つと思ったら、今日は成人式。懐かしいあの頃を思い出しているところです。

一月十二日

善哉

ぜんざい

「善哉」を読み下すと「よきかな」。その意味の通り、ほめたたえる場合に使われた言葉です。餡子（あんこ）とお餅で作る食べ物の善哉の由来には、さまざまな説があります。新年の喜びであるからという説。出雲大社で神に供えた「神在餅（じんざいもち）」が変化したという説。初めて食べた一休禅師（いっきゅうぜんじ）が「善哉此汁（よきかなこのしる）」といったからという説……。いずれにしても、おめでたい名前です。

今日は、鏡開き。母の真似をして、ぜんざいを作ってみようと思っています。

一月十三日

炬燵弁慶

こたつべんけい

ここでいう「弁慶」は、源義経（みなもとのよしつね）に仕えた弁慶のこと。強さの象徴として用いられています。「炬燵弁慶」は、「内弁慶（うちべんけい）」と同じ意味で使われていました。家の中でだけ威勢がよくて、外に出ると意気地（いくじ）がなくなってしまう人のことです。また、老人が炬燵から離れられないこともいいます。老人ではなくても、一旦炬燵に入るとなかなか出られなくなる気持ち、わかりますね。

厳寒の候。すっかりこたつ弁慶になってしまいました。もちろんこたつの中からお便りしています。

一月十四日

寒暁

かんぎょう

冬の明け方をあらわす言葉には、「寒暁」「冬暁（ふゆあかつき）」「冬曙（ふゆあけぼの）」などがあります。清少納言は『枕草子』に「冬はつとめて」と書きました。「つとめて」は早朝をあらわす「夙（つと）」から派生した言葉で、やはり早朝や明け方という意味です。一日のうちで、冷え込みの厳しい早朝。でもその分、たくさんの魅力もあるのでしょうね。

久しぶりに早起きをしました。寒暁のぴんと張りつめたような空気に身も心も引き締まるようで、冬の朝が好きになりました。

一月十五日

小豆粥

あずきがゆ

一月十五日は小正月。この日の朝に「小豆粥」を食べる風習が伝わっています。「桜粥」ともいうように、小豆を入れるとほんのり赤く色づきます。この色が邪気を払うといわれました。平安時代から行われ、江戸時代には、餅を入れるようになります。旧暦では十五日は望月（もちづき）（＝満月）。そこで「望（もち）の粥」「望粥（もちがゆ）」などと呼び、「もち」をかけて、餅を入れたというわけです。

今朝は小正月の小豆粥を作ってみました。おいしく炊けたので、幸せな気分でお手紙書いています。

一月十六日

白鷺

しらさぎ

分類学上、「白鷺」という鳥はいません。一年を通して真っ白な鷺は、大鷺（だいさぎ）、中鷺（ちゅうさぎ）、小鷺（こさぎ）に分けられます。とはいえ、格段に大きさが違うわけではありませんから、遠目から肉眼で見分けるのは難しいかもしれませんね。現に中世頃までは、ひとくくりに白鷺と呼ばれていました。雪の中でも見分けがつかない姿から「雪客（せっかく）」という異名も持っています。

雪の残る浅瀬にたたずむ白鷺……。絵のような美しさに、寒さも忘れて見とれていました。

一月十七日

明日

あした

もともと「あした」は、朝という意味です。特に、前日に何かあった翌朝をさすことが多かったことから、次第に翌日という意味で使われるようになりました。その語源は、夜が明ける時という意味の「明時（あけしだ）」が変化したようです。「明日」と書くのも、日が明るく照らす時間だから。ですが、やがて来る日を、明るい日と書ける私たち。なんとありがたいことでしょう。

今日は寒気もいくらかゆるんだようでした。明日も、穏やかな日でありますように……。

一月十八日

天狼

てんろう

冬は、ひときわ星が美しく輝く季節です。特に南の空を見上げた時、まず目をひくのがオリオン座。その斜め上方に明るく輝く牡牛座（おうしざ）のアルデバラン。さらにたどると昴（すばる）も瞬いていることでしょう。そして、オリオン座の下の方にひときわ青白い光を放っているのが「天狼」とも呼ばれるシリウス。全天で最も明るい星です。星の見えにくい都会でもすぐわかりますね。

気分がのらない時は、シリウスを眺めて気を引き締めています。天狼とはよくいったものですね。

一月十九日

膨雀

ふくらすずめ

鳥たちは羽毛をいっぱいに広げ、その中にあたたかい空気をためこんで寒さをしのぎます。まんまるになって耐えている姿は、愛らしいものですね。特に、雀がふっくらと見える様子を「膨雀」と呼びました。

厳冬の折柄、電線のふくら雀と同じように、まるまると着ぶくれしている私です。

一月二十日

凍て雲

いてぐも

凍りついたように動かない寒々とした雲のことを「凍て雲」といいます。ほかにも冬の雲をあらわす季語には「寒雲（かんうん）」や「冬雲（ふゆぐも）」があります。それぞれニュアンスが違いますね。中でも凍て雲は、寒さがひしひしと身にしみて感じられます。それでも、氷はいつかとけるもの。凍て雲もいつの間にか見えなくなってしまうのですから、意外ととけやすいのかもしれませんね。

窓から、入り日に染まる凍て雲が見えます。あまりの美しさに、思わず手を止めて見とれていました。

一月二十一日

冴える
さえる

しんしんと冷え込むことですが、光、音、色、空気などが澄みきっている場合にも使いますね。厳寒の時ほど、空気が澄みきって、物の輪郭もはっきり見えることから、意味が広がっていったようです。それだけでなく、頭や気持ち、技についてまで、用いますね。「冴えない」といえば、ぱっとしないこと。美しさやかっこよさには、厳しい寒さも必要なのかもしれません。

大寒の名の通りの一日となりましたね。冴え渡った空気が、頬に痛いほどでした。

一月二十二日

青木
あおき

一年中、枝も葉もみずみずしい青さを保っている「青木」。冬には、真っ赤な、楕円形の実をつけます。緑の葉陰からのぞく鮮やかな赤を見つけた時のうれしさはひとしおですね。漢名は「桃葉珊瑚（とうようさんご）」、英語ではJapanese laurel（日本の月桂樹）。その実はヨーロッパ人をも魅了し、幕末に運び出されました。それが雌木ばかりだったので実ができず、再び雄木を運んだそうです。

青々と艶のある葉と、葉陰からのぞく真っ赤な実。青木が最も美しい季節を迎えました。

一月二十三日

日溜まり

ひだまり

冬の日光のありがたさは格別です。屋外はもちろん、太陽の位置が低いので、部屋の奥にまで差し込んで、やさしい「日溜まり」を作ってくれますね。冬の日光のことを「愛日」ともいいます。『春秋左氏伝（しゅんじゅうさしでん）』にある「冬日（とうじつ）愛すべし」からきた言葉。慈しむようなあたたかさで包んでくれる日溜まりの中で、冬の日を愛おしむと同時に、冬の日に愛おしまれているようです。

今日は、窓からの日差しがうれしい一日でした。部屋の日溜まりは、ぽかぽかと春のようでしたよ。

一月二十四日

雪礫

ゆきつぶて

雪が積もった日の遊びといえば、まず雪合戦。たとえ大勢そろわなくても、「雪礫」を作って投げてみたくなりませんか。たくさん雪が積もると、丸めたものを転がしてだんだん大きくしていく「雪丸（まろ）げ」。ほかに「雪まろばし」「雪ころがし」などともいいます。それで「雪達磨（ゆきだるま）」を作るのが定番ですね。雪は、いつになっても童心に帰らせてくれます。

珍しく積もった雪で、雪つぶてをぶつけ合って遊びました。あんないい汗をかいたのは久しぶりです。

一月二十五日

荒磯波

ありそなみ

「荒磯（ありそ）」は、岩石が多く、荒い波が寄せる海岸のこと。そして、荒磯に打ち寄せる波が「荒磯波」です。ごつごつと岩肌をむき出しにした海岸。それに挑んでは、砕け散る波……。お互いが激しくぶつかり合う様子は、息をのむ迫力です。寒さがひときわ厳しい晴れた日、日本海沿岸などでは、「波の花」と呼ばれる白い泡も舞っていることでしょう。

今日はひときわ冷えます。そちらでは、荒磯波が、波の花を咲かせているのではないでしょうか。

一月二十六日

懐炉

かいろ

もともと、「炉」は囲炉裏（いろり）のこと。やがて、火鉢（ひばち）や暖炉（だんろ）のこともさすようになりました。懐（ふところ）に入れる炉だから「懐炉」。昔は、金属製の入れ物に懐炉灰（かいろばい）を入れて点火する「箱型懐炉」、燃料にベンジンを用いる「白金懐炉（はっきんかいろ）」などを使っていました。今では使い捨て懐炉ができ、大変手軽になりましたね。貼るタイプもできて、懐に限らずどこでもあたためてくれます。

大寒とはいえこの寒さ、いかがお過ごしでしょうか。私はカイロが手放せなくなってしまいました。

一月二十七日

雪兎
ゆきうさぎ

雪が積もれば何を作りますか。定番は雪達磨（ゆきだるま）でしょう。丸めた雪をころがして大きくしていくだけでも楽しい遊びですね。また、「雪兎」を作る人もいるのではないでしょうか。雪達磨より少しの雪でも作れます。南天の葉の耳と、南天の実の目は、「難を転じる」というおまじないにもなるそうです。

こちらでは雪兎が作れるほどに積もりました。かわいくできたので、写真を同封しますね。難を転じるおまじないになりますように……。

一月二十八日

油断
ゆだん

「油断」の語源説はふたつあります。まず、中国の王が臣下に油の鉢を持たせ、一滴でもこぼせば命を断つといった故事に由来するという説。ところが、弓断、由断など、さまざまな表記が見られます。もうひとつは、ゆったりという意味の「ゆたに」が変化したという説。こちらも用例が少なく定かではありません。いつのまにか油断が暮らしに入りこんでいたのですね。

今日は少し寒さがゆるんだようです。でも、油断は禁物。くれぐれもご無理なさいませんように。

一月二十九日

三寒四温

さんかんしおん

三日ほど寒い日が続くと、次の四日はあたたかい日が続く……。朝鮮半島や中国北部のことわざで、これらの地方では、かなり規則的に繰り返されるそうです。じつは日本では、ひと冬に一回あるかないかだとか。本当の「三寒四温」ではなくても、寒さは厳しくなったりゆるんだり。その変化がいつも気になる時期ですね。

三寒四温と言いますが、せっかくあたたかい日が続いたのに、明日は冷え込むとか。毎日、天気予報に一喜一憂しています。

一月三十日

探梅

たんばい

「観梅（かんばい）」は春の季語ですが、「探梅」は冬の季語です。どちらも梅を見に行くことに変わりはないのですが、探梅の方は、冬の日に、咲いているかわからない早咲きの梅を求めて、たずね歩くことだそうです。梅は、別名「春告草」。とすると探梅は、春探しの探検といえるでしょうか。春を待つのではなく、春を迎えに行く心です。梅には、こんな楽しみ方もあるのですね。

探梅を兼ねて里山を散歩してきました。もう咲いていましたよ。春はすぐそこまで来ているのですね。

一月三十一日

浮き根松（うきねまつ）

波や風雨に長年さらされ、根がむき出しになった松を見かけたことはありませんか。そんな松を「浮き根松」「根上がり松」などと呼びます。磯辺に生えている場合は「磯根松（いそねまつ）」。また、地面を這うように傾いた松は「磯馴松（いそなれまつ）」といいます。厳しい環境の中でも根を張り、枝を伸ばす松ならではの姿。その姿に私たちは大きな力をもらって生きてきたのですね。

寒風に吹きさらされている浮き根松を見るにつけ、あたたかい春への思いがつのるこの頃です。

column

ふみの楽しみ

一筆箋（いっぴつせん）

書類や写真を送る時の添え状として、また、贈り物を送る時のカード代わりとして、ひと言添えたい場面で用いるのが一筆箋です。

ひと言といっても、葉書やカードと違って二枚以上書くこともできるので、安心して書き始められます。また、形式にとらわれずに自由に書けるのも魅力のひとつですね。

用件だけでなく、ちょっとした季節の言葉をそえると、いっそう素敵なお便りになりそうです。季節にあった絵柄を選べば、あなたの言葉に彩りを添えてくれることでしょう。

追伸

結語のあとには、後付（日付や署名・宛名と敬称など）を書きます。署名に「拝」という字を続けて、敬意をあらわす場合もありますね。

さらに、書き忘れたことや書き加えることがあれば、追伸を添えます。

追伸は毎回つけるものではありませんが、意外と心に残るものです。上手に利用することができれば、素敵な手紙になることでしょう。

頁途中ではございますが、この場をお借りして、みなさまへひと言、ご挨拶申し上げたいと思います。

本書は紙面が限られておりますため、不充分な箇所も多いかと存じます。あとはみなさまのアイデアで、美しい日本語を活かしていただければ幸いです。

みなさまのご健康とご多幸を祈りつつ、心からの感謝をこめて……。

草々不一

二〇一五年三月吉日

山下景子拝

読者のみなさま

追伸

まだ先がありますので、どうぞごゆっくりお楽しみください。

二月

二月一日

春待ち顔

はるまちがお

いかにも待っているような顔つきやそぶりを「待ち顔」といいます。人を待っているような様子は「人待ち顔」。涼しい風が吹けばいいなというような様子は「風待ち顔」。ほかにも「友待ち顔」「殿待ち顔」というのもあります。「春待ち顔」は、春の到来を待ち望んでいるような顔つき。ちょうど、春待ち顔の人が、日に日に増えていく時期かもしれませんね。

立春が近づくにつれ、日に日にふくらむ梅の蕾（つぼみ）は、春待ち顔をしているようです。もちろん私の顔も。

二月二日

雪折れ

ゆきおれ

積もった雪は大変重いものです。その重みで樹木の幹や枝が折れてしまうことを「雪折れ」といいます。雪折れを防ぐために枝を吊り上げておく「雪吊り」も、冬の風物詩ですね。ところで「柳の枝に雪折れはなし」ということわざがあります。雪に逆らわず、ただじっと耐えている柳。ですが、折れないしなやかさを持っているのです。きっとこれが本当の強さなのでしょう。

冬来たりなば春遠からじ。雪折れしない柳を見習って、たおやかに生きていきたいものですね。

二月三日

福豆

ふくまめ

穀物には、穀霊（こくれい）が宿ると信じられていました。穀霊の神秘的な力で鬼を追い払い、福を呼ぶ……。その穀物の代表として、豆をまくようになったそうです。豆まきに使う炒（い）った大豆は、「鬼は外、福は内」とはやし立てながらまくので「囃子豆（はやしまめ）」、また、「節分豆」「鬼打ち豆」「鬼の豆」などと呼ばれました。でも、「福豆」という呼び方が一番縁起がよさそうですね。

昔は豆まきのあと、福豆を年の数だけ食べるのが楽しみでしたが、今は多すぎて閉口しています。

二月四日

薄氷

うすらひ

薄く張った氷のことですが、歳時記では春の季語になっています。厚い氷がいつの間にか薄くなっている……。そこに待ち遠しい春が感じられるからですね。一旦あたたかくなったあと、寒さがぶり返して、薄く張った氷も薄氷。「うすごおり」と呼んでも意味は同じです。

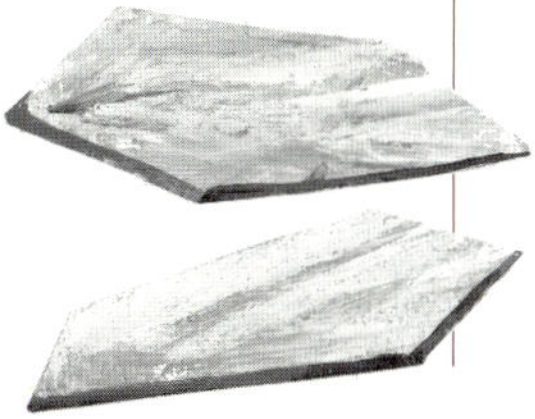

今日は立春。東風が氷を解かす頃だと言います。まだ肌には冷たく感じられますが、今頃薄氷を解かしているのかもしれませんね。

二月五日

風光る

かぜひかる

立春を過ぎても、まだ気温の低い日は続きます。でも、光の輝きはまぎれもない春です。春の精は、まず風に乗ってやって来るのでしょう。「風光る」は春の季語。そういえば、早春の時期をあらわす「光の春」という言葉もあります。この言葉は比較的新しく、ロシアで生まれたとか。でも、日本の私たちにとっても共感を覚える言葉ですね。

風光る季節ですね。レースのカーテン越しに、生まれたばかりの春がきらきらときらめいているようです。

二月六日

料峭

りょうしょう

「料」は撫でるという意味、「峭」は厳しいという意味。それが「料峭」となると、春風が肌に寒く感じられるという意味になります。ひやりと頬を撫でていく冷たい風のイメージですね。よく「春寒料峭（しゅんかんりょうしょう）」「余寒（よかん）料峭（りょうしょう）」などと、四文字熟語にして使われます。まるで、浮きたったりはやったりする心を、いさめるかのような風。でも、そんな風の中にもまぶしい光を感じます。

春寒料峭の候、風邪がはやっているとも聞きます。くれぐれもご自愛専一（せんいつ）になさってくださいい。

二月七日

馥郁

ふくいく

「馥」の旁（つくり）は「腹」と同じ。「香」と組み合わせると、ふくよかな香りを意味する漢字になります。「郁」は、邑（むら）をあらわす「おおざと」と「有」とで、境界で区切られた村々がたくさんある様子。そこから、盛んなことをあらわすようになりました。これらを組み合わせた「馥郁」は、豊かな香りがあふれるように漂うことです。梅の香を形容する時によく使われますね。

一輪一輪、春に近づく梅暦が始まりました。馥郁とした梅の香も漂ってきます。

二月八日

事始め

ことはじめ

古くから、「事八日（ことようか）」といって、旧暦二月八日と、十二月八日を対（つい）として行事が行われていたようです。面白いのは、二月八日を「事始め」、十二月八日を「事納め」とする地方と、逆の地方があること。歳時記では統一するため、前者の方を採用しています。いずれにしても、何かが終わる日は、新しく何かが始まる日ということですね。

今日は事始めの日だそうですね。一月は慌ただしく過ぎて、元日の計もどこへやら。心機一転、スタートをきり直そうと思います。

二月九日

新た

あらた

「新た」は、新しい、改める、改まるなどの元となった言葉です。「新しい」は、はじめ「あらたしい」だったのですが、次第に「あたらしい」に変化していきました。その「新た」の語源は、神聖なものが出現するという意味の「生る（ある）」という古語に関係するようです。たしかに、新しいものがあらわれる時には、神聖な力が宿っているような気がします。

事始めを機に、新たにウォーキングを始めました。三日坊主にならないように、お知らせしておきますね。

二月十日

笹鳴き

ささなき

鶯（うぐいす）は「春告鳥」という異名も持っています。初めての囀り（さえずり）は「初音（はつね）」と呼ばれ、昔の人が待ち焦がれた声でした。ですが、鶯は一年中日本にいる鳥。寒い時期は、まるで舌打ちのような「チャッ、チャッ」という声で地鳴きをしているのです。よく笹藪（ささやぶ）の中から聞こえてくるので「笹鳴き」とも呼ばれます。聞こえていても、鶯と思う人は少ないかもしれませんね。

鶯はまだ笹鳴きのようです。初音に変わる日が待ち遠しくて、耳を澄ましているこの頃です。

二月十一日

余寒
よかん

立春を過ぎてもしばらくは寒い日が続きます。日脚は確実に伸びているのですが、気温の方は規則正しく上がっていくというわけにはいきません。でも、気分はもう春。昔から、寒さがどんなに厳しくても「余寒」「春寒（しゅんかん）（「はるさむ」とも）」などといってきました。たしかに、空の明るさ、日差しの輝き、そして、草木のたたずまい……。今までとはどこか違うと思いませんか。

お風邪をひかれておられたとか。まだまだ余寒厳しき折柄、ご自愛を祈るばかりです。

二月十二日

猫の恋
ねこのこい

「猫の恋」「恋猫」「浮かれ猫」「春の猫」……。歳時記では、猫の発情期をこんなに素敵に形容します。その時期は三か月周期だそうですが、春の季語です。赤ちゃんのような大きな鳴き声も、恋ゆえのことなのですね。

「猫の恋」の季節です。あの声は、ふられたのかななどと思いながら聞いています。

二月十三日

兆し

きざし

「兆し」はもともと、草木の芽が今にも出そうになることをいいました。語源は、「気差し」だといわれます。「気」とは、万物を生育する天地の精気。大自然にあふれている不思議な力が差し込んで、草木の芽が出ると考えられたのです。そう思うと、悪い兆しなどないのかもしれません。長い目で見ると、どんな兆しも、きっといい芽を導いてくれるのでしょう。

窓の外にはまぶしい光、木の芽も心なしかふくらんで、春の兆しが感じられるようになってきました。

二月十四日

ときめき

昔は、胸の鼓動を「どきどき」と濁らず、「ときとき」と表現しました。その「とき」に、状態をあらわす接尾語の「めく」がついて「ときめく」。不安な時や恥ずかしい時にも使われた言葉です。別に、同じ音で「時めく」という言葉があります。時代の波に乗って全盛を誇ることです。この影響を受けて、期待や喜びを感じる時だけに使われるようになったのかもしれません。

チョコレートを買う乙女たちを見ながら、昔のときめきを思い出していました。やはりもう春ですね。

二月十五日

合言葉
あいことば

もともとは、戦場で入り乱れて戦う時、味方同士だということを確認するために使われた言葉です。赤穂浪士が討ち入りの際に使用した「山」といえば「川」というように、簡単な言葉をあらかじめ決めておいたわけですね。転じて、仲間うちだけでいい交わされる言葉もさすようになりました。平和な時代の合言葉は、心をひとつにつなぐために用いられるようですね。

「あたたかくなったら……」が合言葉のようになっています。では、あたたかくなったら会いましょう。

二月十六日

佐保風
さほかぜ

「佐保」は、奈良の地名。その地を吹き渡る風を、特に「佐保風」と呼びました。佐保と聞いて思い出すのが、春をつかさどる女神の「佐保姫」ですね。昔は東から春がやって来ると信じられていたので、平城京の東に位置する佐保山に春の神が住んでいると思ったわけです。佐保風は東風（こち）という意味でも使われます。あたたかい春の息吹を運んでくれる日も近いでしょう。

今日の風は、佐保風と言ってもいいのでしょうか。やさしい春の香りがしました。

二月十七日

淡い

あわい

春には、淡いという言葉がよく似合います。よく似た言葉に「薄い」がありますが、単に色が薄いだけでなく、ほのかにかすむ感じを伴うのが「淡い」ですね。早春の時期、春が浅いという表現はよく使いますが、淡いというと、美しい余韻が感じられるようです。ただ、淡さにつきもののはかなさはありません。今はどんなに淡くても、春は確実に深まっていくのですものね。

春まだ淡く、あたたかい日差しが恋しいこの頃、お変わりなくお過ごしでしょうか。

二月十八日

駒返る

こまがえる

年老いた人が若返ることで、「子めき返る」が変化したのではないかといわれます。「めく」は「春めく」「ほのめく」などの「めく」と同じ。子どものような状態に戻るということで、もともとは「若(こま)返る」と書いたようです。「駒返る」は当て字ですが、「駒」は子馬をあらわす漢字。若々しい駿馬(しゅんば)のような躍動感が感じられますね。「駒返る草」は春の季語になっています。

枯れ草が、次々と駒返る季節。心も、こんなふうに若返ることができたら素敵ですね。

二月十九日

風車

かざぐるま

紙製の風車は中国から伝わり、平安時代にはすでに、子どもの遊び道具になっていたそうです。今ではプラスチック製のものが主流ですね。春によく売られていたということで、春の季語になっています。

プランターに風車をさしてみました。くるくる回るたびに、春風の訪れが見えるようです。

二月二十日

春動く

はるうごく

春の兆しが感じられることです。歳時記では、「春きざす」とともに、「春めく」の副題となっています。とはいえ「春めく」は、いつしか春らしくなってきたという雰囲気なのに対して、春の兆しをしっかりととらえているのが「春動く」ではないでしょうか。また、「めく」は、どの季節にも用いられる接尾語ですが、「動く」という表現は春だけです。

今日は麗（うら）らかな日和です。立春以来、遅々として進まなかった春が、いよいよ動き始めたようですね。

二月二十一日

萌野

もえの

春の野は「春野」。といっても、その表情はどんどん変化していきます。四季の中で一番バラエティーに富んでいるのではないでしょうか。雪が消えはじめる頃は「雪消野（ゆきげの）」。草が芽ぶき始めると「萌野」となります。生え出た草によっても、「若菜野」「蕨野（わらびの）」「土筆野（つくしの）」「菫野（すみれの）」……。雲雀（ひばり）が鳴く「雲雀野」もあります。やがて「若草野」となって「夏野」へ引き継ぐのでしょう。

我が家の庭にも、萌野さながらに、さまざまな草の芽が顔をのぞかせてきました。

二月二十二日

春黄金花

はるこがねばな

早春、葉が出る前に枝をおおう黄色の花。春の輝きを、そのまま形にしてあらわしたような山茱萸（さんしゅゆ）の異名です。「山茱萸」は、漢名をそのまま音読みしたもの。誤用だともいわれますが、こちらが標準名になりました。ほかに「秋珊瑚（あきさんご）」とも呼ばれます。秋にできる紅色の実を珊瑚に見立てたものです。春は黄金、秋は珊瑚……。なんてありがたい花なのでしょう。

サンシュユが咲き始めました。春黄金花の異名そのままに、鮮やかな黄色が、春の光に輝いています。

二月二十三日

はんなり

「花」に、状態をあらわす接尾語「り」がついて「はなり」。これが「はんなり」に変化したといわれます。主に関西を中心に使われてきた言葉です。もとは派手なことをいったようですが、やわらかな語感の影響からでしょうか、品のあるやさしげな風情まで含まれるようになりました。「花なり」と自己主張していないところが、いかにもはんなりとした雰囲気です。

はんなりとした色目のセーターを着て出かけました。なんだか私が春を呼んでいるような気分でしたよ。

二月二十四日

苦手（にがて）

もともと「苦手」は、嫌な相手のことをいう言葉でした。この場合の「苦」は、苦々しいこと。「手」は人をあらわします。仕事をする労力を「手」で代表させたことによるものです。やがて「苦手」は、得意でないことや物もさすようになりました。でも「良薬口に苦し」ともいいます。苦手も、よい薬かもしれないのですね。

不思議なことに、寒さが苦手な私が、今日のように冷え込んでも平気なんです。春だと思って過ごすからかもしれませんね。

二月二十五日

忘れ雪

わすれゆき

冬の終わりから春にかけて、最後に降る雪を、気象用語では「終雪（しゅうせつ）」といいます。古くは、「雪の果（はて）」「名残（なごり）の雪」「忘れ雪」などと呼ばれてきました。思えば、降っている時は最後の雪になるかどうかわかりません。しばらく経ってから、最後の雪だったことに気づくわけです。忘れ雪のような別れは人生に度々あります。そのせつなさが、忘れ雪という言葉に重なります。

今、雪が降っています。これが忘れ雪になるのかもしれませんね。冬を見送っている気分です。

二月二十六日

囀り

さえずり

普通は、鳥がしきりに鳴くという意味で使われる「囀り」ですが、「地鳴き（call）」に対する言葉としても用いられます。その囀りは、繁殖期のラブコールや縄張り宣言の声。たいてい美しく特徴のある声で、英語ではsongといいます。鳥たちの多くは、春に繁殖期を迎え、囀り始めます。ですから「囀り」も春の季語。素敵な歌声は、やはり恋の歌だったのですね。

一筆啓上申し上げます……、と聞きなされるホオジロのさえずりが聞こえてきました。

二月二十七日

朧
おぼろ

「朧」とは、かすかではっきりしないことです。特に、春の昼間は霞(かすみ)、夜は朧と使い分けられてきました。「朧月」をはじめ「朧夜」「月朧(つきおぼろ)」、ほかにも「燈朧(ひおぼろ)」「草朧(くさおぼろ)」「庭朧(にわおぼろ)」「海朧(うみおぼろ)」「鐘朧(かねおぼろ)」など、さまざまなものに朧をつけて形容します。五感がいきいきと働いているからこそ、このような言葉が生まれたのでしょう。

今夜は、朧月のやさしい光に包まれて、山々も穏やかに静まりかえっているようです。よい夢が見られますように……。

二月二十八日

風信子
ひやしんす

幕末の頃、渡来したヒヤシンスに、当時の人々は「風信子」という漢字を当てました。「風信」とは、風の便りのこと。早春の風の中を漂う香りが、風信を思わせるのかもしれませんね。「錦百合(にしきゆり)」や「夜香蘭(やこうらん)」ともいいますが、やはり「風信子」がぴったりです。

薄紫の風信子が咲いています。まるで風の便りを待っているよう。風信子にかこつけるわけではないけれど、お返事待っています。

二月二十九日〈閏年〉

御負け

おまけ

「おまけ」という言葉、漢字で書くと「御負け」となります。「負け」に、わざわざ「御」をつけているのです。この場合の負けは、江戸っ子なら「負けた、持ってけ！」、大阪の商人(あきんど)なら「お客さんには、負けましたわ〜」の負け。駆け引きに負けて安く売るという意味です。やがて、余分に何かをつけることも御負けというようになりました。「負けるが勝ち」の精神ですね。

閏年は、神様からおまけをもらった気分です。せっかくの一日、有意義に過ごせますように……。

column

ふみの楽しみ

メール

今では、仕事でもプライベートでも、メールの方が、手紙よりずっと多くなっていることでしょう。でも、文字でやり取りする以上、応用できることはたくさんあります。

もちろん、スピードを要求されることの多いメールでは、ある程度簡略になるのは仕方ないと思います。だからこそ、季節感を盛り込んだり、相手を気遣ったりするゆとりが必要ではないでしょうか。たったひと言そえるだけで、メールの印象はずっと変わります。手紙のよさをどんどん活かしていきたいですね。

三月

三月一日

木の芽冷え

このめびえ

木々が新芽を出す時期を「木の芽時（このめどき）」といいます。ようやくあたたかくなり始める時期ですが、この頃になって冷たい雨が降り続いたり、急に冷え込んだりすることがよくあります。それが「木の芽冷え」。ほかにも、お天気に応じて、「木の芽晴れ」「木の芽風」「木の芽雨」。木の芽を通して、お天気を感じる時期です。

- 木の芽冷えの毎日ですが、それもきっと、もう少しの辛抱ですね。
- 木の芽雨が、萌え出たばかりの新芽にやさしく降りそそいでいます。

三月二日

揚雲雀

あげひばり

雲雀は一年中日本にいる鳥ですが、春になると朗（ほが）らかに囀（さえず）り始めます。初めてのその声は「初雲雀」、空から舞い降りる様子は「落雲雀（おちひばり）」、そして、大空に高く舞い上がりながら空中で囀る様子は「揚雲雀」と呼ばれます。「楽天（らくてん）」も雲雀の異称。そういえば、英語でもskylark（スカイラーク）。空を楽しむという意味です。たしかに歌うのが楽しくてしかたがないようですね。

日に日に春色もととのって、今は、揚雲雀のにぎやかな声が、野歩きのBGMになっています。

三月三日

雛霰
ひなあられ

雛人形につきものの菱餅（ひしもち）と雛霰。歴史は菱餅の方が古いのですが、雛霰は女の子の節句らしいかわいい雰囲気を演出しています。雛霰の「霰」は霰餅（あられもち）のこと。空から降る雪より大粒の霰に見立てて名づけられました。地方によって製法や味は違うようですが、桃色、白、黄色、緑と、明るい色あいを添えることに変わりはありません。

今日は、桃の節句ですね。せめて雛祭りの雰囲気を味わおうと、雛あられを買って帰りました。

三月四日

春蚓秋蛇
しゅんいんしゅうだ

「春蚓」は、春に地上に出てくる蚯蚓（みみず）。「秋蛇」は、動きの鈍くなった秋の蛇（へび）のこと。そのように字や行が曲がりくねってつたないことを「春蚓秋蛇」といいます。たしかに、まずい字はよく蚯蚓にたとえられますね。「蚯蚓書き」ともいいます。「折釘流（おれくぎりゅう）」「金釘流（かなくぎりゅう）」も稚拙な字の形容ですが、蚯蚓の字とはまた違う筆跡です。「雀の踊り足」も同様。さてどんな字なのでしょう。

甘酒に酔ったわけでもないのですが、乱文に加えて春蚓秋蛇、どうぞお許しください。

三月五日

蝶衣
ちょうい

蝶のように軽やかで美しい衣を「蝶衣」といいます。あたたかくなると、そんな装いで出かけたくなりますね。蝶は「夢見鳥」「夢虫」という異称を持っています。これは、中国の荘子が蝶になった夢を見たという故事からきたものです。でも、夢見るように舞う蝶にふさわしい名前ですね。蝶衣をまとえば心も夢見鳥。素敵な春の夢が見られるような気がします。

啓蟄（けいちつ）の候、今日はコートを着ないで出かけました。蝶衣をひるがえして歩くつもりだったのですが～

三月六日

御福分け
おふくわけ

誰かからのいただき物などを、ほかの人に分けることを「御裾分け（おすそわけ）」といいますね。「御福分け」ともいいます。こちらは、舞い込んできた福を分かち合うという感覚です。幸せは、ひとりよりも誰かと共にする方が大きくふくらむもの。物ではなくうれしい出来事も、自分に直接関係なくても、聞くだけでうれしい気持ちになりませんか。それもきっと御福分けですね。

合格おめでとうございます。うれしい知らせに、幸せのお福分けをいただいたような気持ちです。

三月七日

斑雪

はだれゆき

「斑雪」と書いてほかに、「はだれ」、「はだら」、「はだらゆき」とも読みます。本来は、はらはらと降る雪のことをいったそうですが、斑（まだら）と似ているところから、ところどころに土が見えている雪をさすようになりました。斑（まだら）に積もった雪のこともこういいますが、春になって雪が解け始めた頃の斑雪を詠った歌がだんぜん多いようです。雪解けの喜びはひとしおなのでしょう。

そちらでは、雪解けが進んで、はだれ雪になっている頃でしょうか。土の香が懐かしく思い出されます。

三月八日

水温む

みずぬるむ

「温（ぬる）い」は少しあたたかいことですが、物足りないという気持ちで用いることが多い言葉ですね。実際、不充分だという意味でも使います。ですが「水温む」の場合は大歓迎。春になって、水の冷たさがゆるんでくることです。本来は池や川の水についていうのですが、水道の水でも感じることですね。その頃、魚たちは大喜びで泳ぎまわっているのでしょう。

水温む季節ですね。川面に踊る光に心がはずんで、水辺を散歩する足取りも自然と軽くなります。

三月九日

千恩万謝

せんおんばんしゃ

数えきれないほどの恩を受けながら、生きている私たち。その恩へのはかりしれないほどの感謝の気持ちを、四文字で表現したのが「千恩万謝」です。千の恩に対して、万の感謝……。単に数値の比較ではありませんが、受けた恩に対して、何倍もの感謝をもって受けとめる人が多かったということかもしれません。

三月九日は、語呂合わせで「ありがとうの日」だそうです。改めてあなたに、千恩万謝の気持ちをこめて、ありがとう！

三月十日

物種

ものだね

物の種……。漠然とした言い方ですが、現在では、野菜や草花などの種をさします。また古くから、何かのもとになるものはすべて「物種」といいました。思えば、私たちが行動を起こせば、それが何らかの種になるのではないでしょうか。どうか、素敵な芽が出ますように。そして、その芽がどんなに小さな芽だとしても、気づくことができますように……。

命あっての物種といいますが、こんなぽかぽかとした日には、私にもいい芽が出そうな気がします。

三月十一日

祈り
いのり

「祈る」は「宣(の)る」からできた言葉だといわれます。「宣る」は、呪力のあること、重大なこと、みだりに言うべきではないことを告げるという意味で使われてきました。じつは「呪う」も「宣る」から派生した言葉です。言霊を信じてきた日本人。何を口に出すかによって、祈りと呪いに分かれるかと思うと怖いような気がします。言葉は大きな力を持っているということですね。

穏やかな春日和となった今日。こんな穏やかな日がいつまでも続くよう、祈らずにはいられません。

三月十二日

曙杉
あけぼのすぎ

生きた化石と呼ばれるメタセコイアのことです。樹形は美しくととのった円錐(えんすい)形(けい)。秋には茶色く紅葉し、葉を落とします。天を目指しまっすぐ伸びていく幹。太古からそびえ立つ姿には、曙の空が似合います。

春は曙……。そう言えば、葉を落とした曙杉の梢(こずえ)にも、やわらかな新芽が見え始めました。

三月十三日

菜の花色

なのはないろ

普通、菜の花といえば油菜（あぶらな）をさします。ほかにもそっくりさんがいっぱい。蕪（かぶ）、白菜（はくさい）、辛子菜（からしな）、小松菜、青梗菜（ちんげんさい）、高菜（たかな）、野沢菜、山葵菜（わさびな）、キャベツ、ブロッコリー、カリフラワーなど、どれも四弁の黄色い花を咲かせます。その色は、明るくて、あたたかくて、やさしくて……。春を代表する色ですね。菜の花が咲く頃の曇り空は「菜の花曇り」。長雨は「菜種梅雨（なたねつゆ）」といいます。

少しずつ、野にも街にも菜の花色が広がってきました。それにつれて、春気も満ちていくようです。

三月十四日

遍く

あまねく

「遍し」という言葉は、「普し」とも書き、すみずみまで広く行き渡ることをあらわします。その連用形が「遍く」。今では、この形だけがかろうじて使われている状況です。情報が発達して、簡単に広く行き渡る時代、とりたてて遍くなどという必要もなくなったということでしょうか。ですが自然の恩恵は、今も昔も遍く私たちに注がれています。それは忘れたくないですね。

春の光があまねく降りそそぐよき日となりました。またお目にかかれることを楽しみにしております。

三月十五日

草々
そうそう

「草」という漢字は、草がぼうぼうと生い茂っている様子から、荒れ果てた様子につながり、ぞんざい、粗末、雑などの意味も持つようになりました。「お草々様」「お粗末様」と同じように使われたようです。走り書きを詫びる意味で、手紙の末尾にもつけますね。慌ただしいという意味の漢字「匆」を重ねて「匆々（そうそう）」とも書きます。

先日は、春の陽気のせいか、充分なおもてなしもできず、お草々さまでした。これに懲りずにまたいらしてくださいね。

三月十六日

春北風
はるきた

春に吹く冷たい北風のことで、「はるならい」ともいいます。「ならい」は、冬の強い風。並ぶ、習うと同源で、山並みに沿って吹く風という意味です。あたたかくなったのに、寒さがぶり返すことを「寒の戻り」といいますが、これも例年のこと。そういえば、世の道理やしきたりをいう「慣（なら）い」も語源は同じです。身にしみる「春北風（はるきた）」も、春本番を迎える慣いなのですね。

今日は、春北風が吹き荒れて、寒の戻りとなりました。明日は、あたたかい日が戻るといいですね。

三月十七日

満作
まんさく

豊作のことを「満作」ともいいますが、春先に咲く黄色い花の名前にもなっています。まっ先に咲くから「まず咲く」。これが「まんさく」になったという説と、枝にいっぱい花が咲くので「万咲（まんさく）」という説があります。いずれにしても、豊年満作の祈りを込めて「満作」と書くようになったそうです。近年では、赤い花が咲く「紅花（べにばな）常磐満作（ときわまんさく）」もよく見かけます。

春の喜びにあふれるように咲く満作に、私も実り多い一年でありますようにと願いを託しました。

三月十八日

春興
しゅんきょう

春のうきうきした楽しい気分のことを「春興」といいます。新芽が萌え出し、花が咲き、生命が躍動を始める季節。何かいいこと起こりそう……、そんな気持ちになりますね。私たちを行動へとかりたてるのは、いつも、そういった漠然とした期待感です。わけもなく心を浮き立たせてくれる春の風。新しい一歩を踏み出そうよといっているようです。

この頃は、春興のおもむくままに、出かけることが多く、ついご無沙汰してしまいました。

三月十九日

潮干狩り
しおひがり

潮干狩りに最適とされるのは、干満の差が最も大きくなる大潮の日。今では、行楽のひとつと思われている潮干狩りですが、もとは、村の人々が磯に出かけて、親交を深めるという年中行事だったそうです。

すっかり春めいてきましたね。なんだか水辺が恋しくなって、潮干狩りに行く計画を立てています。

三月二十日

麗らか
うららか

「うら」は、心をあらわす古語です。この「心(うら)」をふたつ重ねた「うらうら」が変化して麗(うらら)になり、接尾語の「か」がついて「麗らか」になりました。「うらうら」「麗」「麗らか」、どれも心が解き放たれたような、のどかで穏やかな状態をいう時に使われる言葉です。どの季節にもそんな日はありそうですが、春に多いからでしょう。いずれも春の季語になっています。

暑さ寒さも彼岸までと言いますが、ようやくうららかな春を謳歌できる時節となりました。

三月二十一日

永日

えいじつ

少しずつ日脚も伸びて、日が長く感じられるようになってきました。そんな春の日のことを「永日」といいます。「ながび」と読んでも、「日永（ひなが）」といっても同じです。ただ「永日」は、手紙の結びや、別れの挨拶にも用いられました。「また日が長い折りにゆっくり……」という気持ちを込めて使ったといいます。「ではまた」「またね」と同じ感覚ですね。

それでは永日を期して、これで失礼いたします。今度は桜が咲く頃にお会いしましょう。

三月二十二日

若柳

わかやなぎ

しなやかな風情が愛されてきた柳。特に、糸のような枝を、淡い緑に染める芽吹きの頃の美しさは格別です。「芽柳（めやなぎ）」「芽張り柳」「芽吹き柳」「春柳（はるやなぎ）」などと呼ばれ愛でられてきました。そして、新芽が少し伸びた頃の青々とした柳は「青柳（あおやぎ）」「新柳（しんりゅう）」「若柳」……。現代の若柳の季節は、新しい旅立ちの時期と重なります。風に揺れる枝が、応援しながら見送っているようです。

- 春風に若柳が揺れる季節
- 春柳の淡い緑に心和むこの頃
- 青柳の糸のみずみずしさに〜

三月二十三日

春満月

はるまんげつ

春の月といえば、まず「朧月（おぼろづき）」が浮かびます。ほのかにかすんだ、いかにも春らしい月です。ですが、朧月ではない春の月もいいものですね。歳時記では、月に関する言葉はほとんどが秋の季語。ですから春の月をさす場合には、「春」をつけます。「春」を冠しただけで、明るく、やさしい響きに変わるから不思議ですね。しかも、「春満月」は、春に満ちた月とも読めます。

春満月がぽっかりと浮かぶ、のどかな夜です。眠るのがもったいない気がして、ペンをとりました。

三月二十四日

微睡み

まどろみ

本来は、うとうとすることです。転じて、活動を停止する意味でも使われたようです。語源は「目（ま）」に「とろむ」がついたものだとか。「とろむ」は「とける」や「とろける」などと同源だそうです。たしかに、眠くてたまらない時、目がとろけてしまいそうですね。昔の人は、春は蛙に目を借りられるから眠いのだと考えて「蛙の目借時（めかりどき）」といいました。

あたたかくなりましたね。そのせいか、眠くて眠くて……。まどろみの春がやってきたようです。

三月二十五日

花便り

はなだより

花の咲いたことや見頃を知らせる便りのことで、「花信（かしん）」「花音（かいん）」ともいいます。「信」も「音」も便りをあらわす漢字です。

さて、普通「花便り」という場合の「花」は、桜をさします。桜の様子を知らせるだけなのに、なぜか希望もいっしょに届けられるような気がしてきますね。

- 花便りが届く度に、心浮きたつこの頃です。
- 今日、桜の初花を見つけました。真っ先にあなたに花便りをお届けしたくて、ペンをとりました。

三月二十六日

微笑み

ほほえみ

「微笑み」の語源は「頬笑み（ほおえみ）」ではないかといいます。声をたてない頬だけの笑顔という意味で、控えめに笑うことをさしました。今では、静かでやさしい笑顔が思い浮かびますね。ところが古くは、失笑や苦笑、冷笑なども含まれていたそうです。「ほほえみ」というあたたかさを感じさせる音のせいで、好感のもてる笑顔に変わっていったのかもしれませんね。

庭のチューリップが咲きました。お日様も、やさしい微笑みを投げかけているようです。

三月二十七日

努力努力

ゆめゆめ

古くは、「努力努力」や「努努」と書いて「ゆめゆめ」と読ませました。「一生懸命に」とか「決して」という意味で使われた言葉です。「努」「勤」「努力」などの漢字が当てられましたが、やがて「夢」と混同され、漢字も「夢夢」と書くようになります。言葉の上でも、夢に努力を重ねて、現実のものとしてきたようですね。

三月は別名・夢見月。「努力努力」と書いて「ゆめゆめ」と読むそうですが、努力努力、努力を忘れないようにします。

三月二十八日

蒲公英

たんぽぽ

誰でも一度は、「蒲公英」の綿毛を吹き散らしたことがあるのではないでしょうか。こんなに身近な花なのに、和歌にはほとんど登場しません。古くは、田菜（たな）、藤菜（ふじな）などと呼ばれ、食用にされていたようです。今では西洋蒲公英が増えて、一年中見かける蒲公英。それでも、春が似合う花ですね。

日ごとにあたたかさを増す季節ですね。野原では、お日様の光を集めたかのように、たんぽぽの花がいっぱい咲いていました。

三月二十九日

花衣
はなごろも

古くは、桜襲（さくらかさね）の衣をさしました。表は白。裏は諸説ありますが、赤や紫系の色を重ねたようです。歳時記では、お花見に着ていく晴れ着をさします。着物ではなくても、桜を意識したおしゃれは、いっそうお花見を楽しくするものですね。また、桜の花びらが次々と散りかかる着物のことも「花衣」といいました。いつの間にか身にまとっている花衣に気づいていますか。

今度のお花見に何を着ていくか、悩んでいます。と言いつつ、花衣選びも楽しみのひとつですね。

三月三十日

桜雨
さくらあめ

桜の花が咲く頃の雨のことで「花の雨」ともいいます。どういうわけか、桜が咲く頃になるとお天気が荒れるようですね。この時期に吹く強風をあらわす「花嵐（はなあらし）」という言葉もあります。ただでさえ、はかなげで、こぼれるように咲く桜。でも、散りやすいからこそ、私たちの心をとらえて離さないのでしょう。

ようやく咲きそろってきたというのに、今日は桜雨。なんとか持ちこたえてくれるでしょうか。お手紙書きながら、気もそぞろです。

三月三十一日

末永く（すえながく）

「末」は本来、木の先のほうをさす言葉。その語源も、少ないということをあらわす「す」と、「枝（え）」だといわれます。転じて、さまざまなものの末端をいうようになりました。「末永く」の「末」は、行く末のこと。語源からすれば、「末永く」といえるほどの木は、相当な大木ということになるでしょう。人ははるかな梢（こずえ）の先に人生を重ねながら見上げるのかもしれません。

芽吹きの季節に出会えて大変うれしく思います。今後とも末永いおつきあいをよろしくお願いします。

column

ふみの楽しみ

懸想文（けそうぶみ）

江戸時代、「枕文（まくらぶみ）」といって、恋文を枕の下に入れておくと恋人の夢が見られたそうです。またお正月には、「懸想文（恋文のこと）」という恋文に似せたお札を買い、鏡台（きょうだい）や箪笥（たんす）に入れて、縁談や商売繁盛などのお守りにしたとか。想いがいっぱいつまった恋文は、言霊が宿って、不思議な力を持つのかもしれません。

手紙を書くコツは、恋文のつもりで書くことだといいます。相手が誰であれ、想いを懸（か）けて書く文ですものね。ささやかでもあたたかい力が届けられますように……。

索引

あ
あいことば 合言葉……195
あいにく 生憎……63
あおき 青木……180
あおしぐれ 青時雨……45
あおたなみ 青田波……77
あおばぞら 青葉空……46
あおまつむし 青松虫……103
あおやぐ 青やぐ……29
あかねいろ 茜色……148
あきじめり 秋湿り……116
あきのこえ 秋の声……122
あきのちょう 秋の蝶……132
あきのはつかぜ 秋の初風……93
あげはちょう 鳳蝶……27
あげひばり 揚雲雀……204
あけぼのすぎ 曙杉……209
あした 明日……178
あずきがゆ 小豆粥……177
あでやか 艶やか……175
あまごもり 雨籠り……63
あまだれびょうし 雨垂れ拍子……60
あまねく 遍く……210
あまびえ 雨冷え……118
あまみつづき 天満月……115
あめせったい 雨接待……56
あめめいげつ 雨名月……115
あらた 新た……192
ありそなみ 荒磯波……182
あわい 淡い……196

い
いてぐも 凍て雲……179
いぬまねき 犬招き……154
いのり 祈り……209

う
うきねまつ 浮き根松……185
うしこんじょう 牛根性……77
うすもみじ 薄紅葉……122
うすらひ 薄氷……189
うちみず 打ち水……78
うちわ 団扇……73
うのはなくたし 卯の花腐し……41
うめのあめ 梅の雨……55
うらなり 末生……120
うららか 麗らか……213
うんてい 雲梯……93

え
えいじつ 永日……214
えいせつのさい 詠雪の才……155
えびすがみ 恵比寿紙……174
えま 絵馬……171
えみぐり 笑み栗……130
えんてい 炎帝……74
えんまん 円満……112

お
おおづめ 大詰め……166
おおにしび 大西日……86
おくりづゆ 送り梅雨……72
おくりもの 贈り物……163
おくれか 後れ蚊……111
おしめり お湿り……73
おたまじゃくし 御玉杓子……19
おちばぶね 落葉舟……150
おちゃのこ お茶の子……68
おにやんま 馬大頭……98
おふくわけ 御福分け……206
おぼろ 朧……201
おまけ 御負け……202
おみきどっくり 御神酒徳利……146
おみくじ 御神籤……172
おもいねざめ 思い寝覚……129
おもしろい 面白い……96
おりひめぼし 織姫星……69
おんど 音頭……91

か
かいろ 懐炉……182
かえりばな 帰り花……139
かきつばた 杜若……46
かざぐるま 風車……197
かざぶくろ 風袋……139
かぜかおる 風薫る……33
かぜひかる 風光る……190
かぞえび 数え日……165
かたづけ 片付け……164
かつら 桂……144
かてんげっち 花天月地……17
かなかな……90
かなでる 奏でる……125
かなめ 要……69
かぼちゃ 南瓜……162
かれきぼし 枯木星……157
かれのみ 枯野見……155
かんえい 寒影……162
かんぎょう 寒暁……176
かんのうち 寒の内……174

き
ききなし 聞き做し……37
きくこんじょう 菊根性……128
きくざけ 菊酒……106
きざし 兆し……194
ぎぼうし 擬宝珠……57

きょうかう　杏花雨……18
ぎょうずい　行水……80
きんぎょ　金魚……67
きんしゅう　錦秋……137
ぎんちく　銀竹……70

く

くさぶえ　草笛……43
くすのきがくもん　楠学問……43
くだもの　果物……106
くちなし　梔子……64
くものみね　雲の峰……67
くりめいげつ　栗名月……130

け

けっしょう　結晶……152
げつろ　月露……113

こ

こうらく　黄落……147
こおろぎ　蟋蟀……127
こがねいろ　黄金色……110
こころばらし　心晴らし……57
こたつびらき　炬燵開き……145
こたつべんけい　炬燵弁慶……176
ことはじめ　事始め……191
こぬかあめ　小糠雨……25
このめびえ　木の芽冷え……204
こはるかぜ　小春風……141
こぼれざくら　零れ桜……20
こまがえる　駒返る……196
こむらさき　小紫……119
こもれび　木漏れ日……142

さ

さえずり　囀り……200
さえる　冴える……180
さかばやし　酒林……153
さくらあめ　桜雨……218
さくらがい　桜貝……22
さくらどれ　桜どれ……17
さくらわかば　桜若葉……30
ざくろ　柘榴……53
ささなき　笹鳴き……192
さっそう　颯爽……41
さなえだ　早苗田……52
さほかぜ　佐保風……195
さやか　清か……87
さるすべり　百日紅……70
さんかんしおん　三寒四温……184
ざんぎく　残菊……128
さんまい　三昧……111
さんよ　三余……54

し

しおひがり　潮干狩り……213
しぐれぞら　時雨空……140
しじみちょう　小灰蝶……71
しちへんげ　七変化……59
しのびね　忍び音……39
じみち　地道……52
しめやか……132
しゃりんばい　車輪梅……40
しゅんいんしゅうだ　春蚓秋蛇……205
しゅんきょう　春興……212
しゅんしょう　春宵……19
しゅんぷうたいとう　春風駘蕩……24
しょうぶゆ　菖蒲湯……34
しょうりょうのたま　招涼の珠……84
じょうろ　如雨露……23
しょにち　初日……172
じょや　除夜……167
しらさぎ　白鷺……177
しらさめ　白雨……84
しろたえ　白妙……36
しわすびより　師走日和……152
しんじゅぼし　真珠星……50
しんまい　新米……119

す

すいすいばな　吸々花……61
すいてんいっぺき　水天一碧……75
すえながく　末永く……219
すこやか　健やか……120
すずかぜ　涼風……88
すずらん　鈴蘭……32

せ

せせらぎ　細流……71
せっかく　折角……56
せみしぐれ　蟬時雨……78
せんおんばんしゃ　千恩万謝……208
せんこうはなび　線香花火……92
ぜんざい　善哉……175

そ

そうそう　草々……211
そうまとう　走馬灯……91
そこはか……104
そぞろあるき　漫ろ歩き……26
そばえ　戯……92
そらほでり　空火照……86
そらまめ　蚕豆……42

た

たいさんぼく　泰山木……66
たかなき　高鳴き……114
たけなわ　酣……21
たけのこどき　筍時……39
たつたひめ　竜田姫……105
たんばい　探梅……184
たんぽぽ　蒲公英……217

ち

ちぐさ 千草 …… 112
ちくしゅん 竹春 …… 108
ちとせ 千歳 …… 143
ちのわ 茅の輪 …… 64
ちまた 巷 …… 159
ちゃのはな 茶の花 …… 140
ちょうい 蝶衣 …… 206
ちょうか 長夏 …… 74
ちょうちょうぐも 蝶々雲 …… 159
ちりもみじ 散紅葉 …… 150

つ

つかのま 束の間 …… 59
つきなみ 月並 …… 148
つきのきゃく 月の客 …… 114
つちかう 培う …… 123
つつがない 恙無い …… 136
つつじ 躑躅 …… 28
つゆあかり 梅雨明り …… 58
つりしのぶ 吊り忍 …… 79
つわのはな 石蕗の花 …… 142

て

てなれぐさ 手馴れ草 …… 85
てりもみじ 照紅葉 …… 138
てるてるぼうず 照々坊主 …… 53
でんでんむし でんでん虫 …… 61
てんやわんや …… 161
てんろう 天狼 …… 178

と

とうか 灯火 …… 133
どうどう 堂々 …… 156
とおかんや 十日夜 …… 146
ときいろ 朱鷺色 …… 116
ときめき …… 194
ときわさんざし 常磐山樝子 …… 121
としのみなと 年の湊 …… 165
どようでり 土用照り …… 76
とよのあき 豊の秋 …… 126
とよのゆき 豊の雪 …… 170
とよはたぐも 豊旗雲 …… 109

な

なつめ 棗 …… 105
なのはないろ 菜の花色 …… 210
なんきんはぜ 南京黄櫨 …… 149

に

にがて 苦手 …… 199
にひゃくとおか 二百十日 …… 102

ぬ

ぬれいろ 濡れ色 …… 62

ね

ねこのこい 猫の恋 …… 193
ねじばな 捩花 …… 68

の

のぎく 野菊 …… 108
のごころ 野心 …… 21
のどやか 長閑やか …… 25
のぶどう 野葡萄 …… 126
のわきばれ 野分晴れ …… 104

は

はぐくむ 育む …… 36
はくぼ 薄暮 …… 23
はたらく 働く …… 147
はだれゆき 斑雪 …… 207
はちがつじん 八月尽 …… 99
はちじゅうはちや 八十八夜 …… 32
はつかわず 初蛙 …… 34
はつかんせつ 初冠雪 …… 123
はつごおり 初氷 …… 160
はつごよみ 初暦 …… 170
はつしも 初霜 …… 144
はつはぎ 初萩 …… 102
はつむかし 初昔 …… 173
はつもの 初物 …… 109
はないかだ 花筏 …… 20
はなかえで 花楓 …… 28
はなぎり 花桐 …… 35
はなごろも 花衣 …… 218
はなだより 花便り …… 216
はなびより 花日和 …… 16
はなやか 華やか …… 158
はまゆう 浜木綿 …… 72
ばらいろ 薔薇色 …… 44
はるうごく 春動く …… 197
はるきた 春北風 …… 211
はるこがねばな 春黄金花 …… 198
はるまちがお 春待ち顔 …… 188
はるまんげつ 春満月 …… 215
はんげしょう 半夏生 …… 66
はんなり …… 199

ひ

ひがさ 日傘 …… 40
ひがんばな 彼岸花 …… 113
ひじかさあめ 肘傘雨 …… 94
ひだまり 日溜まり …… 181
ひでりぼし 日照星 …… 81
ひともしごろ 灯点し頃 …… 141
ひなあられ 雛霰 …… 205
ひなげし 雛罌粟 …… 42
ひめじょおん 姫女苑 …… 50
ひもとく 繙く …… 131
ひやしんす 風信子 …… 201
ひよりかぜ 日和風 …… 107

ひるがお　昼顔　80

ふ

ふうよう　風葉　137
ふうりん　風鈴　87
ふくいく　馥郁　191
ふくまめ　福豆　189
ふくらすずめ　膨雀　179
ふじなみ　藤波　30
ふたえにじ　二重虹　55
ふゆうらら　冬麗　145
ふゆそうび　冬薔薇　154
ふゆな　冬菜　158
ふゆめく　冬めく　149
ふよう　芙蓉　98
ふるす　古巣　18

ほ

ほうしぜみ　法師蝉　95
ぼしゅう　暮秋　131
ほとぼり　余熱　94
ほほえみ　微笑み　216
ほろよいきげん　微酔機嫌　160
ぼんのつき　盆の月　97
ぼんばなむかえ　盆花迎え　90

ま

まくらむし　枕虫　124
まつのうち　松の内　173
まつのはな　松の花　38
まどろみ　微睡み　215
まぶしい　眩しい　38
まゆづき　眉月　125
まんさく　満作　212

み

みぎり　砌　58
みじかよ　短夜　60
みずかがみ　水鏡　47
みずどり　水鳥　121
みずぬるむ　水温む　207
みそはぎ　禊萩　89
みちくさ　道草　24
みつげつ　蜜月　51
みのむし　蓑虫　127
みまい　見舞い　79
みやげ　土産　29

む

むぎあらし　麦嵐　51
むぎびより　麦日和　54
むぎわらぼうし　麦藁帽子　75
むしきき　虫聞き　103
むしこなし　虫熟し　118
むすびは　結び葉　44
むらさめ　村雨　96

も

もえの　萌野　198
もくせい　木犀　124
ものだね　物種　208
もみじむしろ　紅葉筵　153

や

やぶこうじ　藪柑子　166
やまねむる　山眠る　157
やまぶき　山吹　27
やればしょう　破れ芭蕉　138

ゆ

ゆうがお　夕顔　76
ゆうづきよ　夕月夜　110
ゆうぼたん　夕牡丹　33
ゆきあいのそら　行き合いの空　88
ゆきうさぎ　雪兎　183
ゆきおれ　雪折れ　188
ゆきげしょう　雪化粧　163
ゆきだるま　雪達磨　164
ゆきつぶて　雪礫　181
ゆきもちそう　雪餅草　35
ゆきもよう　雪模様　161
ゆだん　油断　183
ゆめみごこち　夢見心地　26
ゆめゆめ　努力努力　217
ゆり　百合　62
ゆりかもめ　百合鴎　143
ゆるしいろ　許し色　107

よ

よかん　余寒　193
よもやまばなし　四方山話　89
よるのあき　夜の秋　85

ら

らんまん　爛漫　16

り

りつのかぜ　律の風　129
りゅうのたま　龍の玉　156
りょうげつ　涼月　97
りょうしょう　料峭　190
りょうらん　繚乱　22

ろ

ろうおう　老鶯　45

わ

わかばどき　若葉時　37
わかやなぎ　若柳　214
わすれじお　忘れ潮　95
わすれね　忘れ音　136
わすれゆき　忘れ雪　200
わらいぞめ　笑い初め　171

スタッフ

デザイン　いわながさとこ
挿絵　西淑
編集制作　友成響子
校正　出浦美佐子
　木串かつこ
企画・編集　市川綾子
(朝日新聞出版　生活・文化編集部)

手紙(てがみ)にそえる季節(きせつ)の言葉(ことば) 365日(にち)

著　者　山下景子
発行者　片桐圭子
発行所　朝日新聞出版
〒104-8011
東京都中央区築地5-3-2
(03) 5541-8996 (編集)
(03) 5540-7793 (販売)
印刷所　大日本印刷株式会社

ISBN　978-4-02-333024-5

定価はカバーに表示してあります。落丁・乱丁の場合は弊社業務部（電話 03-5540-7800）へご連絡ください。送料弊社負担にてお取り替えいたします。

山下 景子　やました けいこ

兵庫県神戸市生まれ。 現在、神戸市在住。

武庫川女子短期大学国文科卒業後、作詞家を目指し、「北海道・北の讃歌コンクール」「愛知・名古屋マイソング」で 最優秀曲など、数々の賞を受賞する。

作詞のために集めた美しい言葉の切れ端を、メールマガジン「センスを磨き、幸せを呼ぶ～夢の言の葉～」で発行中。

初めての著書『美人の日本語』（幻冬舎）は、26 万部を超えるベストセラーに。

その他の著書に『花の日本語』『ほめことば練習帳』『現存 12 天守閣』『美人の日常語』(以上、幻冬舎)、『しあわせの言の葉』（宝島社)、『日本人の心を伝える思いやりの日本語』（青春出版社)、『美人の古典』『イケメン☆平家物語』(PHP 研究所)、『暦を楽しむ美人のことば』（角川ソフィア文庫)、『オトメの和歌』（明治書院)、『二十四節気と七十二候の季節手帖』（成美堂出版)、『大切な人に使いたい美しい日本語』（大和書房） 等がある。

主な参考文献

『漢字源』藤堂明保ほか編（学習研究社)、『語源海』杉本つとむ（東京書籍)、『語源辞典　形容詞編』吉田金彦編著（東京堂出版)、『語源辞典　植物編』吉田金彦編著（東京堂出版)、『語源辞典　動物編』吉田金彦編著（東京堂出版)、『語源辞典　名詞編』草川昇（東京堂出版)、『字通』白川静（平凡社)、『中日大辞典　増訂第二版』愛知大学中日大辞典編纂所（大修館書店)、『日本大百科全書：ニッポニカ』（小学館)、『日本国語大辞典第二版』日本国語大辞典第二版編集委員会、小学館国語辞典編集部編（小学館)、『日本大歳時記』水原秋櫻子・加藤楸邨・山本健吉（講談社)、『俳句歳時記』角川学芸出版編（角川ソフィア文庫)、『花と樹の大事典』木村陽二郎監修、植物文化研究会編（柏書房)、『民俗行事歳時記』世界聖典刊行協会（ぼんブックス)、『和歌植物表現辞典』平田喜信、身﨑壽（東京堂出版）